o
profissional
zen

Mario Enzio

Mario Enzio é formado em Comunicação Social, pós-graduado em Administração de Empresas pela Escola Superior de Propaganda e Marketing (ESPM); Psicanalista Didata, Bacharel em Direito e Mestre em Questões Contemporâneas de Direitos Humanos pela Universidad Pablo de Olavide, Sevilha, Espanha. Cursou a Universidade Holística da Paz (UNIPAZ, Brasília, DF), em tradições culturais, e a Escola de Governo (São Paulo, SP), em formação de governantes.

Trabalhou em empresas próprias e de terceiros no Brasil e no exterior, destacando-se a Abril S/A, Basf e Shell Química (IPB Sementes). Hoje presta serviços de consultoria em estratégia empresarial, marketing e na orientação de pessoas ou equipes como uma ferramenta de gestão e liderança (*coaching* executivo).

É idealizador do *Dharma – O jogo da vida*, um programa de treinamento e desenvolvimento que simula aspectos das circunstâncias do cotidiano ligados à psicologia social e à transdisciplinaridade, na compreensão dos relacionamentos e de suas inter-relações.

Atuou como terapeuta e analista, e como conciliador no Juizado Especial Cível (FADISP – Faculdade Autônoma de Direito de São Paulo). Como professor universitário, leciona nas cadeiras de Estratégias de Marketing; Marketing de Serviços; Negociação, Mediação e Argumentação, e Filosofia do Direito. Por vocação, é colaborador com artigos em jornais e revistas.

Desenvolve um trabalho junto a organizações sociais de interesse público sem fins lucrativos, com a difusão de programas educacionais baseados em valores humanos.

Para saber mais sobre o autor, acesse: www.marioenzio.com.br

© 2012 por Mario Enzio

Capa: Regiane Stella Guzzon
Projeto Gráfico: Equipe Vida & Consciência
Diagramação: Cristiane Alfano
Preparação: Grace Guimarães Mosquera
Revisão: Melina Marin e Juliana Rochetto Costa

1ª edição — 1ª impressão
3.000 exemplares — junho 2012

Dados Internacionais de Catalogação na Publicação (CIP)
(Câmara Brasileira do Livro, SP, Brasil)

Enzio, Mario
O profissional zen / Mario Enzio. -- São Paulo : Centro de Estudos Vida & Consciência Editora, 2011.

Bibliografia.
ISBN 978-85-7722-159-2

1. Autoavaliação 2. Administração do estresse 3. Ambiente de trabalho 4. Comportamento organizacional 5. Estresse (Psicologia) 6. Executivos - Atitudes 7. Soluções de problemas 8. Sucesso em negócios 9. Trabalho - Aspectos psicológicos I. Título.

10-14022   CDD-158.7

Índices para catálogo sistemático:
1. Sucesso em negócios : Psicologia do trabalho   158.7

Todos os direitos reservados. Nenhuma parte desta edição pode ser utilizada ou reproduzida, por qualquer forma ou meio, seja ele mecânico ou eletrônico, fotocópia, gravação etc., tampouco apropriada ou estocada em sistema de banco de dados, sem a expressa autorização da editora (Lei nº 5.988, de 14/12/1973).

Este livro adota as regras do novo acordo ortográfico (2009).

Editora Vida & Consciência
Rua Agostinho Gomes, 2.312 – São Paulo – SP – Brasil
CEP 04206-001
editora@vidaeconsciencia.com.br
www.vidaeconsciencia.com.br

Mario Enzio

O profissional zen

À memória de meu pai, que sempre
acreditou em mim, incentivou-me e soube
o quanto me envolvo de coração nas
coisas que me disponho a fazer.

Aos meus filhos, netas e neto,
que são mais um estímulo constante.

Sumário

Apresentação *13*

Prefácio *15*

Introdução *19*

Parte I – DESENVOLVER UMA NOVA POSTURA

1. Contato Imediato 23
    1.1 Contando uma história 24
    1.2 A história (concreta) do mercado (abstrato) 24
    1.3 Será suavemente desenvolvido 25
    1.4 Uma ideia que pode ser praticada 26
    1.5 Exemplificando com metáforas 26
    1.6 Servindo à sua prática 27

2. Adquirir vivência e experiência Zen 29
    2.1 Propomos uma aproximação com o tema 30
    2.2 Pensar e ser de maneira Zen 31
    2.3 Espírito desleal e atitude Zen não coexistem 33
    2.4 Adaptando-se ao que parece ser uma utopia 34
    2.5 O humanismo presente nas teorias
    da administração 35

3. Uma filosofia de vida 37
    3.1 Brevíssima história do budismo 37
    3.2 Uma linguagem repleta de chaves 40

Parte II – PENSAR O TODO

4. Círculo Zen 43
    4.1 Os vinte e dois passos para a harmonização 45

5. Motivar atitudes internas para resultados externos _____ 52
    5.1 As metas mais íntimas _____ 52
    5.2 Passos para transformar crises em oportunidades _____ 54
    5.3 Cercar a oportunidade da sua vida _____ 57
    5.4 Tudo está contra mim no momento _____ 58

6. Atitude Zen aplicada aos tipos de personalidade e comportamento _____ 60
    6.1 Do tipo GESTOR _____ 61
    6.2 Do tipo CRIADOR _____ 63
    6.3 Do tipo ADMINISTRADOR _____ 65
    6.4 Do tipo EMPREENDEDOR _____ 68

7. A realidade prática do mercado _____ 72
    7.1 Pronto para colaborar nas relações de trabalho _____ 72
    7.2 Vivendo sob constante tensão, quase nos limites _____ 73
    7.3 A questão da família nas organizações _____ 75
    7.4 Amigos ou inimigos _____ 76
    7.5 Fazendo pressão para obter vantagens _____ 79
    7.6 As intrigas ou falsidades _____ 81
    7.7 Marketing com função de Guerra Santa _____ 82
    7.8 Artes milenares por uma fatia do seu bolo _____ 83
    7.9 Não se sinta culpado por fazer parte desse processo _____ 86
    7.10 Lidando com perdas, corrupção, espionagem industrial e abusos de toda ordem _____ 86
    7.11 Administrando no ambiente cruel e competitivo _____ 87
    7.12 Falido, despedido ou concordatário, apesar de estar Zen _____ 88
    7.13 Tecnologia – tirando os hábitos da comunicação _____ 90
    7.14 Opiniões sinceras nos momentos de revisão ou finalização _____ 91

7.15 Vivendo o ócio com informação e negócios _____ 92
7.16 Excesso de dados, aparências ou resistência ___ 94
7.17 Acreditar que está no caminho certo _____ 95

Parte III – *AGIR EM HARMONIA*

8. Olhando pelo retrovisor _____ 99

   8.1 Comparando os perfis dos indivíduos: o executivo ideal e o empreendedor de sucesso _____ 100
   8.2 Os dez passos a serem dados pelo executivo ideal — o que se lê nas atitudes das empresas _____ 101
   8.3 Os dez passos a serem seguidos pelo empreendedor de sucesso — o que se lê nas atitudes do mercado _____ 103

9. Zen integrado e globalizado _____ 106

   9.1 Defendendo-se dos movimentos globalizantes ____ 107
   9.2 Segredos e características para se agir _____ 108
   9.3 Estilo importado ou adaptações _____ 110
   9.4 Flexibilidade — seu jeito de administrar _____ 111

10. Formando e desenvolvendo grupos _____ 113

   10.1 Pensar com o coração _____ 113
   10.2 Faça a sua iniciação _____ 113
   10.3 Agir com a mente de um líder _____ 114
   10.4 Preparando-se como um líder presente _____ 116
   10.5 A decisão em suas mãos _____ 116
   10.6 A busca desse profissional no mercado _____ 117
   10.7 Fazer nossos colaboradores entrarem nesse espírito _____ 119
   10.8 Derrubando lideranças agressivas _____ 119
   10.9 As pessoas difíceis de participar ou dialogar _____ 120
   10.10 A mulher que vai à luta e a guerra dos egos _____ 121

Parte IV – *SERVIR NO CONTEXTO*

11. Ética nos negócios, consumo e utilização ——— 125
    11.1 Ética no consumo ——— 126
    11.2 Ética na utilização ——— 129

12. Contextualizar e convergir – viver um padrão próprio — 131
    12.1 Testar e calibrar o filtro da percepção intuitiva ——— 132
    12.2 Experimentar antes de pôr em prática ——— 133
    12.3 Compartilhar experiências para diminuir diferenças ——— 134
    12.4 Aos líderes que se alinham a esse pensamento ——— 136
    12.5 Plantando a semente ——— 136
    12.6 Quando praticar essas atitudes ——— 137
    12.7 Resultados nas empresas ——— 137
    12.8 Mexendo com as estruturas ——— 138

13. Era de voluntários ——— 140
    13.1 Relações públicas ou valores humanos — 140
    13.2 A realização prática ——— 142
    13.3 Não cumprimento das propostas de responsabilidade social ——— 143

Parte V – *SÍNTESE CRIATIVA*

14. Sensibilidade: intuição e criatividade ——— 145
    14.1 Intuição ou teimosia ——— 145
    14.2 Não rotular ——— 146
    14.3 Compromisso e comprometimento ——— 147
    14.4 Não depender do coletivo ——— 148

14.5 Viver com atitudes positivas
e superar conflitos _____ 149
14.6 Disseminar esse pensamento humanista ____ 150

15. Chaves para pensar com o coração e agir com a mente _____ *152*

Posfácio _____ *159*

Bibliografia complementar sugerida _____ *160*

Apresentação

Anos atrás, quando criei o Empreendedor zen, minha preocupação era com o homem de negócios ou um executivo que liderava um grupo de pessoas. A globalização estava engatinhando. Nesses anos que se passaram, o mundo dos negócios e do trabalho se alterou e vem exigindo uma revisão na maneira de ajudar mais pessoas a enfrentarem as constantes e rápidas mudanças que ocorrem no cotidiano.

A principal abordagem que quis rever foi a de que não só executivos ou empreendedores sofrem com as revoluções silenciosas que nos afastam de nossa essência em valores, mas todos aqueles que exercem alguma atividade profissional.

Então, revisei, melhorei e reordenei o livro para que se tornasse aplicável a todos aqueles que trabalham, e assim nasceu O profissional zen.

Prefácio

Tenho recebido lições, dicas e ensinamentos de vários mestres e muitos de meus alunos. Não me canso de aprender. Esforço-me, entretanto, nesse caminho de separar os excessos. Se, por vezes, convém, eu volto ao que me interessou nas teorias. Então, procuro aproveitar o lado prático e melhorar meu conhecimento sobre o tema. Essa é uma constante nas minhas pesquisas.

Dessa forma, o que proponho e desenvolvo neste livro é uma síntese de ensinamentos de motivação, liderança e comportamento social.

Este trabalho está ordenado de forma lógica e sequencial, com o objetivo de gerar uma unidade, para que você possa afinar seu canal de comunicação interno-externo, amplificar e multiplicar os seus sentidos.

É um conjunto de técnicas, posturas e atitudes humanistas, de sensibilidade e intuição a quem quiser ser empreendedor, com ética, nos negócios ou na vida pessoal.

Recomendo uma leitura inicial em todos os capítulos. Em seguida, quando tiver ciência dessa unidade, extraia desse pensamento eclético, que abrange seis linhas de abordagem, um encontro de compatibilidade e valor. Releia-os, em consultas espontâneas e esporádicas, intuitivamente.

Fica, ainda, meu sincero agradecimento aos editores e profissionais da comunicação que continuam materializando este trabalho — um conjunto de exercícios de conscientização que mostra que podemos almejar o lucro sem ser gananciosos, sem negligenciar o outro ou destruir a natureza.

Desperte as boas chances e oportunidades na sua prática!

ME

Já dizia Lao-tsé:

"Governa o sábio por não mandar.
Sem agitar, ele faz tudo se ordenar.
Tao é a paz."

Introdução

"A preocupação do homem com o marketing é recente. Foi somente a partir dos anos cinquenta que o termo ganhou vulto, quando passou a ser utilizado para simbolizar uma importante atividade empresarial."[1] As teorias de marketing vieram para explicar uma nova ordem no comércio das empresas. Eram a tentativa de tornar científico o comportamento dos negócios e das trocas entre as pessoas. Isso indicava que o mercado evoluía, tornando-se mais sofisticado, cheio de fragmentações, nichos, com redes de fios invisíveis e interdependentes.

Na verdade, "o homem faz marketing desde a Antiguidade. Só que, evidentemente, não existia um estudo formal desses processos e relações de trocas (...). Tais trocas são feitas historicamente visando, sempre, suprir as necessidades básicas do ser humano, as quais variam de época para época."[1]

Nessa esteira de atender às necessidades de consumo, as relações na sociedade estão em constante mudança, caracterizada pela produção em larga escala. Por outro lado, esse consumo em massa gera conflitos, competições e núcleos sociais desorganizados. Entende-se que, por trás desses comportamentos, escondem-se sofisticadas atitudes motivadoras que regem ou estruturam as relações entre empreendedores e empregados.

1 SANTOS, F. G. Direito do marketing: uma abordagem jurídica do marketing empresarial. São Paulo: Revista dos Tribunais, 2000. Disponível em: <http://isbndb.com/d/book/direito_do_marketing_uma_abordagem_juridica_do_marketing_emp.html> Acessado em: 4 jul. 2011.

Nos anos 1990, uma evidência ficou nítida com a concepção do termo "globalização": o mundo via que as grandes corporações não tinham mais rosto. Não se sabia quem era dono do quê. Enxergamos conglomerados, grandes grupos econômicos que, na maioria das vezes, são relatórios e números indecifráveis aos olhos do homem comum. Diante dessas realidades, o que pretendemos em nossas relações?

Redescobrimos, antes que fosse tarde, que as pessoas são tão importantes quanto o próprio mercado. Sendo assim, um movimento começou a surgir, trazendo à tona uma preocupação com a questão social, provocada pelas desigualdades no comércio mundial, pela concentração de riquezas e pelo destaque de regiões onde a miséria e a pobreza se tornaram crônicas. Começou-se, então, a debater a maior cooperação entre as pessoas, empresas e governos. E, desse movimento, que não está só preocupado com o lucro, mas também com as consequências para alcançá-lo, surgiram teorias sobre a sustentabilidade econômica e social.

O mercado continuará mudando, segundo observações, com os efeitos desse formato neoimperialista, da concentração de capitais em regiões conservadoras ou tradicionais, com o crescimento das empresas transnacionais, apartadas pelos movimentos ecológicos mais estruturados e das organizações da sociedade civil de interesse público — só para citar alguns.

Por outro lado, de maneira tímida, as empresas estão apostando na humanização de suas relações e, consequentemente, buscando melhorar a qualidade de vida das pessoas que compõem seu universo para minimizar o efeito dessas mudanças.

A analogia ao tema é que é possível ser um profissional Zen, uma pessoa sem estresse, centrada e equilibrada sem deixar de ser um empreendedor de sucesso ou um bom executivo.

A dimensão dessa proposta é focada no experimentar. A prática dessas atitudes e posturas desperta áreas dormentes do cérebro. Esse processo de harmonização pode desenvolver a sensibilidade para lidar com as questões internas e externas que tanto nos desafiam. Portanto, pode ajudá-lo a interagir e se posicionar neste mundo altamente competitivo — com redes sociais e mercadológicas —, onde lidar com as questões do cotidiano não significa ser apenas bem-sucedido, mas também bem resolvido.

Isso, na essência, é ser Zen.

O Zen é fragmentado. O Zen é inteiro. O Zen é parcial.

O Zen é imparcial. O Zen é total.

PARTE I
DESENVOLVER UMA NOVA POSTURA

1. CONTATO IMEDIATO

A leitura dessas páginas pode ser semelhante ao desenrolar de um bate-papo, como se as perguntas fossem surgindo e, com isso, fôssemos tendo um diálogo.

É uma conversa íntima com nossa maior crítica: a nossa consciência, que nos faz refletir profundamente em determinados momentos, numa abordagem social e moral.

Façamos a proposta de desenvolver sensibilidade e intuição praticando atitudes Zen ou, como consideramos, atitudes humanísticas.

Desenvolver a sensibilidade = praticar uma atitude Zen.

Vamos abordar a capacidade que temos de entender o mercado e todas as mudanças que acontecem à nossa volta pelo desenvolvimento dessa sensibilidade, com habilidade e praticidade, por meio de uma vivência criativa.

A vivência Zen é uma vivência de força interior criativa.

O que será que o autor escreveu de *diferente* que pode me ajudar neste *momento*?

Essa é uma proposta para você *administrar* sua vida pessoal, profissional ou seus negócios:

Com criatividade;

Numa visão generalista;

De maneira harmoniosa;

Em sintonia com as pessoas que o cercam;

Numa atitude Zen.

A vivência Zen é um conjunto de atributos de saber ser e fazer. É uma forma de agir com mais consciência a cada momento. Essa é a essência deste trabalho.

1.1 Contando uma história

Considere que esta é uma história como outra qualquer que já tenha lido. Ela é contada aos pedaços, aos fragmentos, como se fosse uma colcha de retalhos. É assim, a nosso ver, que se contam as histórias das pessoas, das empresas, de suas estratégias, suas táticas, seus altos e baixos, as disputas internas, seus segredos e suas traições, com todos os detalhes que compõem seus sucessos e fracassos. Elas nascem a partir das vontades e desejos de seus dirigentes visionários e colaboradores esforçados — alguns mais humanistas do que outros. É nesse comportamento de liderança, seja na interpretação de um empreendedor ou de um executivo, que iremos mergulhar.

1.2 A história (concreta) do mercado (abstrato)

Os indivíduos dentro das empresas são os responsáveis pela criação dessa história. Por outro lado, a cultura e o desenvolvimento organizacional nos mostram como a empresa e os seus integrantes divulgam as ideias de seus produtos ou serviços por intermédio da representação de suas marcas. Portanto, é a representação feita pela história das marcas. As marcas têm sua força no imaginário, não são palpáveis. O mercado, como consequência, é uma criação a partir desse imaginário.

O mercado é subjetivo e seus limites são indefinidos até que se estabeleçam os parâmetros com o posicionamento dos produtos ou serviços no segmento em que a organização está inserida. Vamos trabalhar com as situações reais que constituem as histórias das pessoas nas organizações, observando o lado concreto das histórias e o lado abstrato do mercado. E considerando que ambos estão em constante mudança.

1.3 Será suavemente desenvolvido

Normalmente, nós nos encontramos em séries de situações ou circunstâncias que estão interligadas em *três linhas* do dever. Veja abaixo:

Pensamento
nosso lado interno: como é em cada um de nós;

Ação
nosso lado externo: como se manifesta em cada um;

Serviço
unindo os dois lados: de como ser propagado para os outros.

Este trabalho serve tanto a empregados como a patrões. É dirigido a todos que decidem ou que detêm, de alguma maneira, algum tipo de poder para mudar uma situação.

Imagine, por exemplo, um *office boy* que entrega uma correspondência fora do prazo ou no endereço errado; ele poderá prejudicar a sua organização, e poderá fazê-lo sem intenção.

O que fazer?

Enfatizamos o aspecto da cooperação e compreensão no negócio em si, como uma proposta para toda a organização. Nesse universo, com uma atitude Zen, é preciso que se integrem de maneira humanista patrões e colaboradores, acreditando em uma coexistência de confiança mútua.

1.4 Uma ideia que pode ser praticada

Se o foco deste trabalho for uma empresa, deve ser um ato de harmonia entre absolutamente todos. É preciso que esse aspecto de humanização seja desenvolvido em todos os relacionamentos. Os resultados da compreensão e da receptividade poderão surpreender você.

1.5 Exemplificando com metáforas

Adote a postura de se colocar no lugar do outro. Utilize este exemplo: seja o profissional um especialista em saúde física, um lixeiro, um catador de papéis ou latas na rua — os desafios são iguais para todos? As dimensões é que são diferentes. O enfrentamento do problema tem a mesma condição: exige foco e determinação. Dependendo do país onde esse fato está sendo analisado, o que vai mudar é quanto cada um recebe de remuneração no final do mês. Portanto, quanto vale aquele serviço à comunidade? Vamos considerar que um predispõe a cura e o outro ajuda a prevenir.

> Vejamos:
> Centros hospitalares existem para atender a um grande número de enfermidades. Por outro lado, se houvesse mais prevenção, investiríamos ou agiríamos menos nesse campo. Enquanto isso não se resolve, uma empresa de limpeza urbana bem aparelhada, reciclando materiais, agindo com essa preocupação e consciência seria tão valiosa quanto um centro hospitalar?

1.6 Servindo à sua prática

Adapte este texto à sua realidade, seja uma frase ou um conjunto de ideias que possam ser úteis na superação dos seus obstáculos diários. Chamamos isso de exercícios de como *flexibilizar e administrar* sua vida pessoal e profissional.

Use-o como um *guia de reflexões* que lhe dê toques certos nos momentos certos.

O que importa é, para quaisquer que sejam as intenções ou definições próximas das teorias nas escolas de administração, que possa se aproximar das pessoas certas que façam acontecer suas atividades.

De nada adianta ter uma vasta rede de relacionamentos em cartões de visitas ou estar presente nas redes sociais se você não puder ou souber desfrutar disso. Seja lá como nos manifestemos ou expressemos, temos que saber interagir e também nos acostumar a gerenciar os conflitos sem medo de sermos verdadeiros.

Zen integrado na vida pessoal e nos negócios; jamais Zen desligado.

2. ADQUIRIR VIVÊNCIA E EXPERIÊNCIA ZEN

Tenho dado consultoria ou assessoria a empresas em muitos Estados brasileiros, assim como viajei a diversos países e trabalhei no exterior. Tornei-me uma pessoa entusiasta e envolvida em treinar e desenvolver as pessoas que querem administrar suas vidas ou empresas.

Venho estudando a maneira como as pessoas decidem e se motivam no trabalho. Constatei que nós, brasileiros, temos todas as condições para exportar os exemplos de nossos bons casos empresariais mercadológicos ou administrativos. Porém, pelo fato de ainda não termos a tradição de ensinar nessa área, acabamos comprando essa tecnologia de outros países.

A nossa visão do jeito brasileiro de administrar já está se tornando uma realidade nas escolas de negócios. Já existem livros e resultados de pesquisas que explicam como e por que somos o que somos. Em três palavras, posso sintetizar e simplificar, embora sem descrever esse tema em detalhes, que somos **flexíveis, criativos e sensíveis**.

Os que fazem a diferença, como brasileiros, mexicanos e outros povos latinos, estão em grande número de colaboradores nas esferas administrativas da Organização das Nações Unidas (ONU). Quando se necessita de alguém com um bom jogo de cintura, deve-se contratar quem tenha essa característica.

Consequentemente, nosso estilo comportamental é que nos faz nos adaptar com facilidade a diversas situações; e somos criativos porque sempre buscamos alternativas novas e inteligentes. Porém, somos também emotivos e sensíveis na hora de tomar decisões.

A nossa natureza já tem essa semente Zen: a sensibilidade para tocar os negócios. É isso que está em evidência neste trabalho. E outra quantidade de livros de administração propõe que se desperte a intuição para uma melhor tomada de decisão nos negócios. Quanto a isso, parece-nos que temos também sob a forma latente. Portanto, são dois quesitos a que temos predisposição ou habilidade para desenvolver.

Gosto deste país pelas combinações sociais e culturais, pelos nossos contrastes, pela diversidade étnica, geográfica e climática; além disso, há a formação de um mercado novo, ágil e, ao mesmo tempo, tradicional. Tudo isso, somado ao jeito mais emotivo de administrar e de pensar com o coração que o brasileiro tem, compõe o que consideramos uma atitude Zen adormecida.

Este trabalho é um manifesto para valorizar os que administram e se sentem próximos desse jeito positivo de encarar ou resolver problemas de maneira humanista.

2.1 Propomos uma aproximação com o tema

Avaliamos, nessa linha, o lado mais empreendedor e criativo dos administradores, empregados ou empregadores brasileiros. Consideramos com uma dose a mais de contemplação e resignação positiva. Isso facilita a percepção desse comportamento pluralista, abrangente ou sem teorias definitivas. Esse é o estado de ser do profissional Zen.

Partindo do propósito de que este trabalho seja para consultas, conexões, ligações, diálogos, visões ou sensações que compartilhamos para desenvolver sensibilidade, vamos estabelecer uma sintonia Zen entre nós.

> Vejamos:
> É comum para uma pessoa com sensibilidade desenvolvida, ao conversar com outra, perceber o que há por trás de uma atitude ou de um comportamento. Ela passa a compreender com lucidez algumas sensações vividas naquele momento. No entanto, isso nem passa pela cabeça de outras pessoas. Isso é perceber o movimento que o cerca.

2.2 Pensar e ser de maneira Zen

Sendo assim, pensar Zen é perceber o mundo em movimento.

O mundo em movimento é pura comunicação. Queremos sempre comunicar ou realizar alguma coisa. Comunicamos com o corpo, a mente, as mãos, os olhos, a roupa, o cabelo, o cheiro, a escrita, com as imagens e também com a fala. São diferentes meios ou linguagens que se conectam.

Entretanto, mais do que pensar Zen, é preciso agir de maneira Zen. É preciso ser Zen. E ser Zen é estar ligado em tudo que o cerca. É estar com os pés no chão, sentindo os efeitos no peito, e não voando, desligado, nas nuvens, numa atitude de devaneio ou de repetição mecânica de tarefas.

Vejamos:
Uma situação prática é quando estamos trabalhando com dados financeiros para fazer modificações num relatório. Os números estão bem à nossa frente e precisamos buscar alternativas para uma alocação de recursos em determinada área que exige compensação. Se você não estiver — realmente — conectado com aquela realidade, a sua atitude poderá ser meramente mecânica, isto é, poderá simplesmente alocar os dados de um lado para o outro. Mas, se você estiver conscientemente engajado na realidade em que está trabalhando, saberá onde deve haver as alterações. Saberá o que está fazendo e o porquê dos possíveis desdobramentos. É tão sutil quanto ser Zen.

Como consequência, se fizer bem feitas as coisas no presente, o melhor que puder, saberá como considerar os bons resultados do futuro.
Essa é a primeira chave.

2.3 Espírito desleal e atitude Zen não coexistem

É difícil saber ou determinar o quanto de deslealdade pode estar sendo pretendido ou conduzido pela outra parte quando mantemos qualquer tipo de relacionamento. Outras vezes ainda mais de dissimulação, falsidade, engenhosidade, embuste, calúnia, malícia ou mentira. A resposta provavelmente permanecerá com quem pratica o ato desleal.

Nesses casos, sugerimos conduzir os atos com a mais profunda isenção de julgamento. Isso mesmo: não julgar. É o mais indicado. E agir com clareza nos seus objetivos ou intenções. Declarar que a honestidade expressa de sua boa vontade o mantém tranquilo contra os excessos que são praticados.

Os jogadores desleais são os que geralmente dizem uma coisa e fazem outra. Fique atento, pois, no papel ou no discurso, tudo é possível. É na prática que se demonstra o comportamento.

> Vejamos:
> Não se perde a capacidade de gerenciar ou liderar pessoas tendo uma atitude mais compreensiva ou compassiva.

O perfil desse líder com o coração tranquilo, determinado a prestar um bom serviço ou produzir um bom produto, é de quem se utiliza desse filtro de sinceridade ou transparência em seu cotidiano.

2.4 Adaptando-se ao que parece ser uma utopia

Como é inerente ao ser humano, há uma resistência natural às novas ou diferentes propostas teóricas. Podemos afirmar que parte do que estamos escrevendo sobre administração ou do que se estuda hoje, com o passar do tempo, será absorvida pela cultura e poderá fazer parte de suas ações diárias. Afinal, algumas dessas ideias já são exercitadas. Trata-se, entretanto, da maneira como estão sendo empregadas ou praticadas.

O que aprendemos nessa matéria de administração vem de várias escolas. Algumas dessas técnicas vêm da escola americana que está mais próxima de nós. Na parte central deste trabalho, há colaborações da China, do Japão e da Índia, com a visão de novos paradigmas, de filosofias centradas no indivíduo e da abordagem de valores humanos nas empresas.

Acreditamos na resistência que apresentarão alguns e na dificuldade de se encontrar um empreendedor ou executivo com estilo cem por cento Zen. Mas cremos que seja possível encontrar pessoas com atitudes que não sejam nocivas ou contraditórias no frio e calculista mundo dos negócios.

Vejamos:
A difícil definição de Zen. O desafio de tentar encontrar um significado a partir de vocábulos mais próximos do termo, que pode ser compreensão sem resistência, aceitação, resiliência, tolerância ou compaixão. Talvez o entendimento da prática da compaixão seja o mais difícil de ser

explicado numa organização. Poderíamos confundi-la com benevolência ou caridade. Não é isso. É algo mais relacionado a nos aproximarmos do sentido de humanidade, a nos colocarmos no lugar do outro na mesma situação ou condição de vida. Quem sabe possamos estar chegando perto desse conceito.

Numa previsão sem qualquer base científica, poderíamos afirmar quem seria resistente a uma postura Zen nas organizações. Cremos que seriam os acionistas ou ávidos sócios quotistas, que buscam lucros exorbitantes.

Um profissional Zen tem um compromisso — desenvolver a ética da responsabilidade. Isso não significa acabar com o lucro, nem considerá-lo um horror econômico, mas proteger e garantir os investimentos, obter e cumprir as metas e resultados, porém sem abusar das pessoas e da natureza.

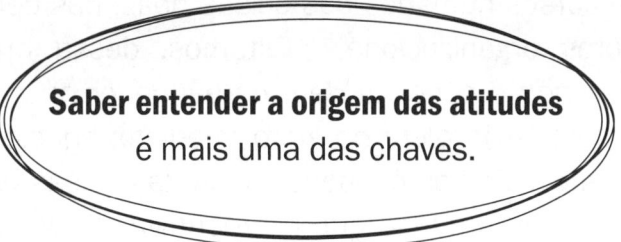
Saber entender a origem das atitudes é mais uma das chaves.

2.5 O humanismo presente nas teorias da administração

Há pelo menos vinte anos a visão da gestão participativa está presente nas empresas. Nas propostas estratégicas ou no desenvolvimento dos recursos humanos, fala-se no encantamento tanto do público interno quanto do público externo. Sugere-se que o público que deve primeiro se dedicar e se comunicar francamente são os empregados, para que haja um compromisso maior da parte de todos os envolvidos numa organização.

Em alguns casos, empresas que oferecem outros tipos de benefícios aos empregados estão em sintonia com esse pensamento mais compreensivo, com uma nova abordagem da realidade. Apenas para citar alguns exemplos: participação nos lucros e resultados, auxílio educacional, auxílio à comunidade vizinha, auxílio psicológico, serviços de ouvidoria, entre outros.

Ao oferecer benefícios de longo prazo aos empregados, à comunidade e à natureza, exercemos um papel Zen.

Há muito a se fazer. Portanto, é bom adaptarmos teorias ou técnicas de administração, psicologia ou recursos humanos das coisas boas, das demais culturas organizacionais. Estamos, dessa maneira, *criando o conceito de empreendedor ou executivo com visão além do lucro imediato*; aquele que pensará mais nas consequências das coisas que o cercam. Ele entende que a produtividade pode ser conseguida com respeito mútuo, segurança e rentabilidade para todos.

3. UMA FILOSOFIA DE VIDA

Para entender mais sobre o Zen, é preciso saber um pouco sobre o budismo e sua história, compreendê-lo desde o seu início até os dias de hoje. Em seguida, entender o porquê dessa linha filosófica, que age no indivíduo humanizado, que opera com o melhor do seu lado interior para administrar sua vida e seus negócios.

3.1 Brevíssima história do budismo

"Foi durante o reinado do Rei Asoka (268-232 a.C.), o terceiro governante do Reino de Mauria, que o ensinamento de Buda Gautama (Sakyammuni) disseminou-se pela Índia chegando a se propagar para além de suas fronteiras." Poucos sabem, mas "a face do budismo esteve, durante muitos séculos antes de Cristo, voltada para o Ocidente. Um pouco antes do início da Era Cristã, a face do budismo começou a se voltar para o Oriente. (...) O papel desempenhado pelo budismo mahayama foi muito grande e significativo na longa história do budismo. Assim o budismo na China e no Japão desenvolveu-se, sofrendo nítidas influências da doutrina mahayama. (...) Dessa maneira, embora, de um lado, estivesse relacionado à doutrina de Buda Gautama, por outro, muitos novos aspectos da Sabedoria e da Compaixão foram acrescentados. (...) Foi através dos países da Ásia Central que a China veio aprender o budismo. (...) Pela rota do comércio da seda, que despertava um importante papel de intercâmbio, entre os anos 140-87 a.C., cujo espírito mercantilista ainda se mantinha ativo, inspirado por Alexandre, o Grande. (...) A história do budismo chinês tem início na época em que se aceitaram e se traduziram as escrituras budistas. (...) Estes trabalhos de tradução continuaram durante quase mil anos. (...) Durante os primeiros anos, os responsáveis pela tradução das escrituras foram os monges vindos da Ásia Central (...) e começaram a desenvolver suas reais atividades ao empreenderem viagens à Índia para estudar o sânscrito e a doutrina budista. (...) O mais notável desses monges foi Hsuan-chuang (600-644 d.C.) (...). O trabalho de tradução dessas escrituras na China são chamadas de "Velhas Traduções", e as obras de Hsuan-chuang e dos últimos tradutores são as "Novas Traduções". (...) Baseado nesses inúmeros volumes, a tendência do pensamento e das atividades religiosas foi pouco a pouco se adaptando à cultura chinesa. Daí a clara manifestação de natureza racial, das necessidades e das esperanças do povo chinês. (...) Na história do budismo chinês, a escola **Zen** foi a que chegou por último. Seu fundador foi Sramana, monge de um país estrangeiro, chamado Bodhidharma (aprox. 528 d.C.). As sementes por ele lançadas floresceram vigorosamente depois da época de Hui-nêng (638-713 d.C.). Depois do século VIII, a seita teve na China talentosos mestres e fizeram o **Zen** prosperar. (...) A história do budismo no Japão teve início no século VI, tem, portanto, mais de 1,4 mil anos. Nesta longa história, o budismo japonês se prende a três focos. (...) O primeiro deve ser situado entre os séculos VII e VIII, sabe-se que "durante esse período a civilização ocidental mergulhava em profunda escuridão, a oriental se desenvolvia em movimento surpreendentemente ativo e magnífico". (...) Na China, na Ásia Central, na Índia e nos países dos mares do Sul, as atividades nos campos intelectual, religioso e das artes desenvolviam-se vigorosamente. Unindo-se a esses movimentos, o budismo banhava o mundo oriental com sua vasta corrente de humanismo. (...) O segundo foco deve ser situado entre os séculos XII e XIII."

Depois disso, "o budismo japonês foi firmado sobre o alicerce que se mantém até os dias atuais". Considera-se essa fase como a última dos três focos referidos: (...) "Desde a época de sua aceitação, o budismo japonês foi, de modo geral, o budismo mahayama influenciado pelo budismo chinês. (...) Segundo a tradição, o budismo foi introduzido na China em 67 d.C., as escrituras foram introduzidas e traduzidas em 151 d.C. e se prosseguiram por um período de 1,7 mil anos. No Tibete, o budismo foi introduzido por volta do século VII d.C. (...) Diante do fato de que as escrituras tenham sido traduzidas para o cambojano, ceilonês, coreano, japonês e quase todas as línguas orientais, e também para as línguas ocidentais, como o alemão, francês, inglês, italiano e até o latim, pode-se dizer que esse ensinamento espalhou-se por todas as partes do mundo.

(...) O budismo se baseia nos ensinamentos que Sakyammuni pregou durante 45 anos de sua vida, e que estão difundidos em mais de 10 mil traduções, durante estes mais de 2 mil anos. (...) **O ensino do budismo está intimamente relacionado com a realidade de nossa vida cotidiana. Sakyammuni advogou a igualdade entre os homens empregando palavras simples, claras e de uso corrente, para que todos pudessem entendê-las.**"[2]

2 KYOKAI, B. D. A doutrina de Buda. Tóquio: Buddhist Promoting Foundation, 1982. 3. ed. Destaque em negrito do autor. Disponível em: <http://www.bdk.or.jp/english/index.html> Society for the Promotion of Buddhism. Acessado em: 4 jul. 2011.

Uma linhagem de talentosos e iluminados mestres fundiu o budismo experimental de Bodhidharma com o taoísmo chinês ativo. Essa junção criou uma anárquica disposição para a espiritualidade conhecida como "Ch'an". No século XII, o Ch'an alcançou o Japão e teve sua propagação assegurada.

Budismo + Taoísmo = Zen

"(...) Zen é o estado natural das coisas obscurecidas pela ilusão da separação. Zen não tem história. Está sempre aqui e agora."[3]

3 FREKE, T. Zen — palavra básica. São Paulo: Callis Editora, Vitória Régia, 2000. p. 12.

3.2 Uma linguagem repleta de chaves

Podemos visualizar, nessas lições, diversas reflexões acerca do fato de uma pessoa ser Zen. Sendo assim, foram espalhadas de forma ordenada vinte e duas frases, que chamamos de "chaves", para abrir o seu coração. São um estímulo concentrado para mais ponderações ou meditações. Use-as para ir e vir, com suavidade e serenidade, em um passeio à sua consciência, como mais uma ferramenta de treinamento.

Parece-nos mais fácil nos aproximarmos de atitudes Zen com exemplos. Leia com atenção a frase abaixo e a interprete:

Verifique o que você pode fazer para gerar mudanças, em você e em outras pessoas, sem necessitar de grandes esforços.

Aproveite boa parte do que a natureza das coisas é capaz de fazer. Colabore! Faça a sua parte ao plantar, adubar e regar um pouco todo dia. Cultive o que for preciso. É uma regra a ser observada. Facilita a preservação da vida.

> **Assim, é uma questão de se concentrar nas coisas que compõem e integram o seu dia a dia. Vivemos em um tempo de constantes mudanças. A adaptação consciente é parte dessa atitude.**
> Essa é mais uma chave.

Zen é ação positiva com consciência. Ação é o recado. Faça sempre algum movimento que crie uma alteração de um estado de inércia.

Lembre-se: quem não faz poeira come poeira. Portanto, apenas faça.

PARTE II
PENSAR O TODO

4. CÍRCULO ZEN

Para ser bem integrado, é preciso ser e estar centrado. Inicialmente, é preciso se plugar no seu mundo interior para depois se ligar a tudo que o cerca. Desenvolvemos esse exercício para você se aproximar mais de si próprio.

Vamos imaginar que a figura a seguir representa um indivíduo. Este é o Círculo da Comunicação Pessoal Zen dividido em três partes. Cada uma das partes compõe os centros internos onde se originam nossos estímulos.

O foco é conseguir estar presente nos *três mundos da comunicação*.

```
            1. INTUIÇÃO
            Mundo das
            sensações

   2. DECISÃO      3. REALIZAÇÃO
   Mundo dos       Mundo das
   diálogos        visões
```

As frases a seguir nos fazem entender o que e como é estar sintonizado nesses três mundos da comunicação interior:

1. No mundo das sensações — contato com o eu **intuitivo**

Reflexão: Nada me fará esquecer minhas convicções.

→ **Sinta o que está mais forte dentro de você.**

2. No mundo dos diálogos — contato com o eu **decisivo**

Reflexão: Nada me fará esquecer meus desejos e vontades.

→ **Fale com seu eu interior para separar o que lhe é mais aceitável.**

3. No mundo das visões — contato com o eu **proativo**

Reflexão: Nada me fará esquecer meu foco, determinação e flexibilidade para mudar o que tiver de ser mudado.

→ **Veja com clareza aonde quer chegar.**

Para começar a se sintonizar, recomenda-se a meditação com base nos vinte e dois passos a seguir, que compõem o círculo da comunicação pessoal — o círculo zen —, que devem ser percebidos e entendidos para sua harmonização. À medida que cada passo for interiorizado, você terá uma compreensão maior e melhor desses mundos da comunicação interior.

Dica:
Pense na palavra principal do passo. Leia o parágrafo. Em silêncio, reflita. As palavras indicadas por setas são complementares. Fique em silêncio

pelo tempo que lhe der satisfação. Continue a leitura de outro passo quando achar conveniente.

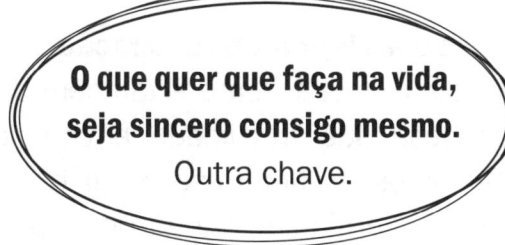

> **O que quer que faça na vida, seja sincero consigo mesmo.**
> Outra chave.

4.1 Os vinte e dois passos para a harmonização

Convidamos você a perceber, nos seus ambientes pessoais ou profissionais, as vinte e duas vivências:

1. Vivendo a gratidão do momento. Agradeça. É um *presente* você viver o presente. Entenda a trama que o trouxe até aqui: foi seu livre-arbítrio quem o guiou. Continue a agradecer e desperte a intuição para continuar no caminho. Lembre-se: você é o responsável por aquilo que acontece a você neste momento.

Palavras-chave: O presente, o livre-arbítrio e a intuição.

2. Vivendo a imensidão da sabedoria. Cada dia que passa, mantenha-se em estado de vigilância. Aceite as pessoas e suas vontades. Procure reconhecer seus limites e tente superá-los. Procure entender as dimensões da sua ignorância e como ter humildade para se colocar no seu verdadeiro caminho vocacional.

Palavras-chave: A ignorância e a humildade.

3. Vivendo a alegria da respiração. A fonte da vida está bem à nossa frente e também dentro de nós. Reconheça sua fragilidade e complexidade. Ouça os pulmões encherem-se de ar e seu efeito pelos sentidos. Forma-se mais um elo na corrente. Veem-se infinitos atrás e outros a chegar.

Palavras-chave: A vida e a sensação; os sentidos.

4. Vivendo o despertar do silêncio. Sentir o vazio. Percorrer o vazio. Olhar o vazio. Viver o vazio. Deixar a mente caminhar fora da ilusão, cada vez mais próxima do silêncio. Agradecer aos pensamentos e deixá-los fluir livremente. Afinal, somos o que pensamos, e pensamento é apenas pensamento.

Palavra-chave: A meditação.

5. Vivendo a sensação do seu corpo. Cuidar da máquina e das suas funções. A noção do que é um centro e um nó na teia das relações. Libertando-se das pressões, rompendo os bloqueios nas couraças que somam as doenças no corpo, sendo dócil, afetuoso e harmonioso com todas as partes do seu corpo.

Palavra-chave: O cuidar de si.

6. Vivendo a paz no coração. A busca do verdadeiro sentido. Compreender a realidade da unidade, da irmandade não genética, da fraternidade social e da diversidade. O amor sob todas as óticas. O sentido de amor incondicional. As disputas e as paixões que lhe deixaram marcas.

Palavras-chave: O amor e o altruísmo.

7. Vivendo a intenção de melhorar. Reconhecer e considerar as conquistas pessoais. Utilizar-se da paciência e despertar a consciência de contribuição nesse processo. Estudar ou se dedicar a uma especialização com dinamismo e entusiasmo. Fazer uso correto de todos os recursos que a natureza oferece.

Palavra-chave: O progresso material.

8. Vivendo a busca de soluções práticas. Com firmeza e disciplina, dedicar-se a uma obra e construção. Evitar os desvios ilusórios. Compreender o que deve ser feito nesse momento, e nada mais além. Separar os pontos em que deve se concentrar; considerar o essencial no presente.

Palavras-chave: O aqui e o agora.

9. Vivendo a descoberta do outro. O exercício de se colocar no lugar dos outros. Saber ponderar o que àquele pertence e o seu esforço para ter alcançado isso. Entender seus valores e suas relações. Compreender, por conseguinte, com alegria, a sua parte nessa rede de pessoas, com sua família e a sua vida social.

Palavras-chave: A família e a vida social.

10. Vivendo a força da concentração. Manter-se com cautela e atenção no caminho escolhido. Nesse caminho, muitas vezes, você poderá se ver ou se sentir abatido e desiludido. Equilibre-se quando isso ocorrer e lembre-se: ter clareza de foco, coragem e ânimo é o suficiente para perseguir as suas metas.

Palavras-chave: O foco e a determinação.

11. Vivendo o despertar de ideias. O processo de criação é individual e, não raro, repleto de obstáculos mentais. A concepção de que para se conceber uma ideia é preciso ser gênio é distorcida. Na teoria, toda ideia é boa, até que possa ser colocada em prática ou ter sua utilidade testada, mesmo que seja no campo das ideias.

Palavras-chave: A criatividade; a produtividade.

12. Vivendo o ato da criação. Muito melhor do que ter uma ideia é vê-la em prática. É ajudar a conceber um ciclo de vida. Perceber sua evolução e ver o seu crescimento, suas adaptações e as contribuições ao processo.

Palavra-chave: A mudança.

13. Vivendo o caminho percorrido. Ter a noção de tarefa acabada. Sentir a satisfação pelo serviço realizado. A sensação de etapa cumprida. A razão que nos faz arranjar forças para cumprir uma jornada.

Palavra-chave: A experiência.

14. Vivendo o salto não programado. Em circunstâncias complexas, o inesperado pode acontecer. Apesar das resistências e incredulidade, se um problema estiver para acontecer, ele também poderá não acontecer.

Palavras-chave: A sorte; a boa chance.

15. Vivendo o encontro na solidão. Buscar em seu interior a verdade única, imutável, indivisível, impenetrável, separando a confusão da confissão. Serenidade e prudência quando trato comigo mesmo, lapidando as muitas vozes alinhadas em uma única fé.

Palavra-chave: A minha pedra filosofal.

16. Vivendo o álbum de retratos. Observando a árvore de contatos. Desde o nascimento, na família, os parentes, amigos, colegas, vizinhos, pessoas que entram em nossas vidas e saem delas; as que nos contatam uma única vez e as que estão quase sempre conectadas à nossa vida. Isso nos ajuda a escrever a nossa história.

Palavras-chave: A história; as pontes que nos unem.

17. Vivendo o descanso programado. O momento do sono. O devaneio, o estado de letargia, os sonhos reveladores. De olhos entreabertos, à espera de um aceno de ternura e proteção. Escolher na calma das manhãs, tardes ou noites o que se deve ou não fazer.

Palavra-chave: A recarga de baterias.

18. Vivendo o grito parado no ar. A busca de provas materiais ou imateriais, os argumentos, os processos, as execuções; varas, juntas e tribunais. O consenso pela lei — as normas, seus usos e costumes, menos que divina, não menos humana. Resolvendo as pendências com a moral da sociedade.

Palavra-chave: As justiças.

19. Vivendo o sucesso alcançado. No mínimo, um reconhecimento no seu íntimo. Um silencioso aplauso de orgulho após superar uma meta. O fato de estar na competição é uma constante fonte de ânimo e calor humano. Vivencie e presencie essa força de retribuição.

Palavra-chave: A felicidade.

20. Vivendo o destino entrelaçado. As tramas que são tecidas a cada instante formam microcosmos invisíveis. Unem, atam ou desatam nós sem que percebamos, mas regem uma complexa e conexa rede de seres. O seu dever mais que perfeito, a sua melhor parte estará sendo requisitada.

Palavra-chave: A rede de cada um.

21. Vivendo o mundo (des)organizado. Parece que ele (o mundo) é regido pelas leis do caos, e é mesmo. O imponderável muitas vezes acontece. Se vivermos com desprendimento, não iremos querer controlar tudo que está à nossa volta. Estabeleça uma relação de confiança mútua entre a sua postura e esse universo.

Palavras-chave: A sua postura; o seu plano de vida.

22. Vivendo a espiritualidade. Acreditar no mistério da criação e de suas manifestações. O invisível e o ponderável convivendo num alinhamento sereno de fé. A paz na aceitação de seus mais profundos desígnios. Seguir as suas convicções e crenças. Busque a eterna fonte de suas esperanças.

Palavra-chave: O seu conjunto de crenças.

Toda vez que estiver descontente ou desgastado com alguma situação do cotidiano, se você se desconectar ou se afastar do seu centro, busque na leitura de um desses passos uma pista para tentar harmonizar-se novamente.

A leitura não precisa seguir uma ordem. Apenas um desses passos poderá lhe trazer um momento de quietude ou compreensão.

Portanto, cuide bem da sua saúde física, mental e espiritual.
Essa é outra chave.

5. MOTIVAR ATITUDES INTERNAS PARA RESULTADOS EXTERNOS

> "A nossa atitude interna positiva é o que transforma os momentos de crise em fontes de oportunidades".
> Deepak Chopra (médico)

Podemos estar bem sintonizados em meditações ou interiorizações, mas, se não colocarmos em prática o que temos de potencialidades e habilidades, de nada valerão essas horas de dedicação.

Sabe-se que, para ser um profissional completo em qualquer atividade, é preciso manter-se em constante crescimento, no sentido amplo do termo, seja no plano educacional, espiritual ou social. Muitos e diferentes meios podem ser utilizados para nos aperfeiçoarmos, mas, se nos afastarmos de nossas **metas mais íntimas**, poderemos perder as *nossas*, e *somente nossas*, boas oportunidades em vida.

5.1 As metas mais íntimas

Geralmente, podem ser aquelas que você não conta para ninguém ou só para pouquíssimas pessoas. Uma meta íntima pode ser entendida como a sua vocação. Aquela que está lá, bem no fundo do seu coração, um desejo escondido. Às vezes, escondido até da sua parte consciente. Convivemos diariamente com vários tipos de pessoas: as que não sabem o que querem, as que nunca vão descobrir, e as que sabem muito bem, vão atrás e conseguem o que sonham.

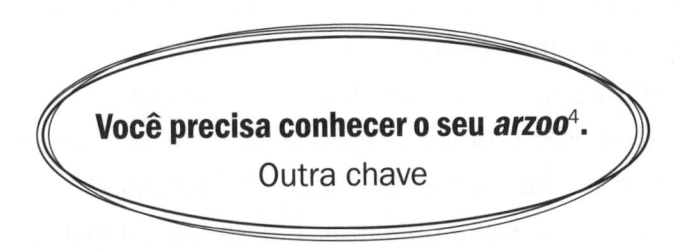

> **Você precisa conhecer o seu *arzoo*[4].**
> Outra chave

[4] *"Arzoo" é uma palavra indiana para designar o desejo e a vontade do seu coração.*

Há pessoas que não conseguem fazer esse simples gesto de estipular uma meta. Simplificam: dizem que não têm uma. Vão vivendo no ritmo dos desejos de outras pessoas. Aceitam o que lhes oferecem sem analisar o que esses acontecimentos representam em sua vida. Ou então nem se importam em estabelecer metas de curto prazo, como, por exemplo: perder peso, trocar de emprego, mudar o visual, fazer um curso, estruturar uma carreira, entre centenas de milhares de possibilidades.

O importante é determinar se essas escolhas podem ser prejudiciais ou se serão válidas ou viáveis numa ação temporária para que você se sinta feliz. Esse é o sinal de alerta.

Uma vez que você conseguir definir e estabelecer uma meta *arzoo*, você estará se equipando com uma mola propulsora de motivação constante e inesgotável força, que dificilmente será abalada.

5.2 Passos para transformar crises em oportunidades

O propósito deste exercício, em conjunto com os demais, é auxiliá-lo a estabelecer **metas factíveis**. Como podemos constatar, algumas pessoas têm o hábito de colocar objetivos muito distantes de sua realidade, mal definidos ou circunscritos e, consequentemente, impossíveis de se alcançar.

O médico indiano Deepak Chopra traz em seu livro, As sete leis espirituais do sucesso[5], posturas, segundo suas palavras, baseadas na real compreensão da natureza que, uma vez incorporadas à consciência, permite que você crie riquezas ilimitadas sem nenhum esforço. O pequeno e consistente livro pretende indicar caminhos para a contínua expansão de um estado de realização com resultados "objetivos compensadores". Extraímos termos que consideramos úteis como mais uma ferramenta na estrutura deste trabalho.

Pela experiência em lidar com pessoas, podemos adiantar que, se você for absolutamente sincero, saberá reconhecer o momento em que uma oportunidade estiver à sua frente. Deve-se, portanto, ter consciência desses requisitos para poder filtrar e saber entender seu momento de decisão.

Escreva em uma folha de papel cada uma das respostas às perguntas formuladas até o final deste capítulo — guarde-a onde só você tenha acesso para relê-la, revisá-la ou refletir sobre isso quando sentir vontade; tente fazê-lo com certa regularidade. Perceba a sua essência nas seguintes perguntas:

---

5 CHOPRA, D. As sete leis espirituais do sucesso. *Trad.: Vera Caputo. São Paulo: Best Seller Círculo do Livro, 1994.*

Passo 1
POTENCIALIDADE

Todos temos um ponto forte; algo que só nós fazemos bem, a que nos adaptamos melhor ou que desenvolvemos com mais facilidade. Isto é, deve haver uma atitude de potencialidade.

O que todo mundo elogia e destaca em você?

Passo 2
DAR E RECEBER

Em cada atividade profissional que exercemos, utilizamos nossa energia em troca de uma compensação. Acho bom deixar claro que toda doação deve ter a retribuição correspondente, desde um agradecimento até um pagamento em qualquer espécie. É a atitude do dar e receber.

Você pode estar recebendo mais do que deveria. Ou ocorre o contrário? Você está preparado para negociar?

Passo 3
CAUSA E EFEITO

A vida é regida por uma relação de circunstâncias que criamos a todo instante. Podemos admitir que tudo está determinado ou aceitar que a causalidade é quem governa nossos destinos. Podemos e devemos no mínimo entender a relação de causa e efeito nessas situações. A vida é um círculo.

Você tem consciência das situações que viveu para que tivesse chegado aonde está neste momento?

Passo 4
O MÍNIMO ESFORÇO E A ENTREGA

Existe um momento na vida de cada pessoa em que, mesmo sem fazer nada, estará concretizando muito. Assim, às vezes, precisamos dar um tempo para que as coisas se arranjem ou se acomodem. Outras vezes, mesmo não acontecendo nada que nos pareça importante, a vida se encarregará de realizar. Essa é a atitude do mínimo esforço, da entrega. O que se espera é que as pessoas possam ter mais identificação e compreendam os diferentes ciclos de cada coisa viva que existe na natureza.

Você deixa as coisas seguirem seu curso natural?

Passo 5
A INTENÇÃO E O DESEJO

Para cada pensamento puro ou impuro, existe uma motivação que fez despertar uma atitude de intenção e de desejo. Conhecer os verdadeiros desejos é se colocar em equilíbrio no seu caminho. Se não estivermos nessa sintonia, será como andar às escuras.

Você conhece os seus mais profundos e verdadeiros desejos?

Passo 6
DESAPEGO OU DISTANCIAMENTO

Os bens que você pode estar acumulando não lhe pertencem. Nada é seu. Nem seu corpo. Tudo está sendo emprestado a você. A única coisa que pertence a você é a sua consciência. Assim, mantenha-se livre para usar, e muito bem, o que está sendo colocado à sua disposição.

Saber usar e fazer circular os bens são atitudes de desapego. Há uma renovação permanente se praticarmos essa atitude.

Como você se coloca diante desse desafio?

Passo 7
DEVER OU *DHARMA* OU PRÓPOSITO DE VIDA

Estamos habitando um espaço num quarto, numa casa, numa rua, num quarteirão, num bairro, num município, num Estado, num país, num continente, num hemisfério, num pequeno planeta azul, numa imensidão de galáxias. E temos uma função, um papel a desempenhar em um enredo. Isto é: o seu dever divino acima de qualquer outro. Esse é o seu *dharma*, que prega que devemos ter um propósito na vida.

Qual é o seu propósito nesta vida?

5.3 Cercar a oportunidade da sua vida

Hoje pode ser um bom dia para experimentar. O que você está querendo neste momento? Saberia escolher as metas que gostaria de alcançar? Você deve, então, determinar o que é:

Essencial para ser feito em primeiro lugar;

Necessário, mas não essencial, para ser feito em segundo lugar;

Importante, mas não necessário, em seguida.

Quando perguntamos às pessoas o que é prioritário, a grande maioria considera esses três níveis de ações como prioritários. Não vamos confundir ou misturar conceitos. Considerar o peso de cada ação facilita a nossa compreensão do verdadeiro foco que temos no momento.

Nada como fazer aquilo que você está fazendo agora com total consciência. É como se você soubesse estar no lugar certo, na hora certa. Portanto, viva plenamente o seu presente. Você saberá entender onde estão as oportunidades.

5.4 Tudo está contra mim no momento

Não ignore as respostas negativas que surgem a todo o tempo. Insista com ponderação, mesmo que seja contra a maré, mas aceite quando for preciso desistir. Isso é: precisamos ler os sinais de cada momento. Analise sua resistência: até quando você se sujeita ou aceita enfrentar os obstáculos?

Se você souber entender quando deve continuar ou desistir de um caminho, saberá extrair dessas lições a experiência necessária. Com isso, sua identidade será fortalecida. É aí que você se destaca.

Nessa hora, para que as coisas deem certo, é necessário vencer o medo. Quando se persegue um verdadeiro desejo, algumas barreiras podem servir para desviar, corrigir ou adaptar a nossa direção. Para tanto, é preciso coragem. E coragem é a ação mais forte do coração.

Vejamos:

Enquanto isso, na empresa que valoriza a competição pela manutenção de sua posição no mercado, vê-se o indivíduo tentando resgatar suas potencialidades sem perder sua identidade. Sugere-se que ele deva praticar uma atitude Zen e **viver uma atitude de entrega, sendo conhecedor de suas habilidades dentro do esforço que tem desempenhado, com a aplicação do desapego e desprendimento** para tentar equilibrar esse ambiente de disputas.

6. ATITUDE ZEN APLICADA AOS TIPOS DE PERSONALIDADE E COMPORTAMENTO

"Cabe ao mestre indicar o caminho da terra quando alguém lhe pede."

Autor desconhecido

A visão que temos de uma empresa quando seus colaboradores interagem é a de uma organização em pretensa ordem, funcionando em relativa desordem. Afinal, são interesses estratégicos e táticos a serem perseguidos com diversas maneiras de execução.

Estamos lidando com personalidades em ação, pessoas representadas em seus cargos, ávidas por colocarem seus serviços à prova e se superarem. São gerentes, professores, seguranças, atendentes, secretárias, diretores, cozinheiras, garçons, presidentes, motoristas, porteiros, acionistas, patrões, filhos, amigos, cunhados, sobrinhos e outros exercendo funções numa rede de relações, em qualquer tipo de negócio, desempenhando seus papéis.

Segundo Julio Lobos,[6] há quatro tipos de personalidades executivas: o gestor, o administrador, o criador e o empreendedor. O autor apresenta as "características de cada um deles", que identificam a maneira como se relacionam interpessoalmente.

Utilizando esse trabalho, descrevemos o provável comportamento Zen em cada característica. Isto é, enquadramos, compatibilizamos e sugerimos como agiria um profissional Zen dentro dessas personalidades.

6 LOBOS, J. *A personalidade executiva*. São Paulo: Negócio Editora, 2000.

6.1 Do tipo GESTOR:

"Você detesta ser interrompido."

Analise a sua relação com o poder. É uma questão de educação, de ansiedade ou de querer demonstrar conhecimento. Não deixo que as minhas dificuldades ou bloqueios prejudiquem uma apresentação. Tento coordenar uma reunião para que todas as opiniões possam ser compartilhadas.

"Você consegue tocar várias atividades simultaneamente."

A capacidade que uma pessoa tem de ser um tocador de obras independe de sua maneira de gerir seus negócios. Abrir várias frentes pode fazer parte de suas potencialidades. Deve-se cuidar para que isso não fique apenas no campo das ideias.

"Você sempre gosta de fazer parte da ação."
Deve-se saber quando é preciso estar à frente e quando se deve estar nos bastidores. Ter flexibilidade é uma virtude.

"Você gosta de trabalhar com ferramentas técnicas."
A teoria ajuda a cortar caminhos e os exemplos práticos nos aproximam de casos bem-sucedidos. Entretanto, deve-se buscar — com prazer — a realidade concreta para os seus negócios.

"Você gosta de criar normas próprias, mesmo dentro de um sistema."
Dependendo da ocasião, ser inovador é tão necessário quanto ser conservador. Romper paradigmas pode contribuir com as mudanças necessárias. Você deve ter noção das implicações de uma transformação tão profunda.

"Você tem problemas em absorver a autocrítica."
Às vezes, nossos inimigos é que nos ensinam as melhores lições. Amigos nem sempre contam toda a verdade. Aceite a voz interior também como uma boa mensageira.

"Você tem problemas em desenvolver a paciência."
Todos nós temos pontos fracos. Entretanto, devemos saber transformá-los em pontos fortes e aplicá-los a nosso favor. Talvez esse seja um dos maiores aprendizados.

"Você impõe suas opiniões aos seus colaboradores."
Preste atenção à forma como as ideias fluem entre as pessoas que *não* estão à sua volta. Perceba como elas são capazes de produzir quando estão mais integradas e estimuladas. Veja se essa diferença não lhe convém.

"Você é fanático por decisões."
Os excessos podem ser prejudiciais. A vida levada sob pressão pode acabar somatizando consequências no seu corpo.

"Você é autoritário."
É importante saber o que se quer e, também, que os outros tomam as suas próprias decisões. Desenvolva a metáfora de que é melhor ser um regente, um bom maestro, ouvindo e coordenando as entradas de cada músico de maneira harmoniosa, não impositiva.

"Você prioriza a versatilidade para atingir metas."
Esse é um atributo que estimula a criatividade. Entretanto, a liberdade de ação pode ser mais receptiva para algumas pessoas do que para outras. O líder Zen deve ser um bom facilitador.

6.2 Do tipo CRIADOR:

"Você procura se distanciar dos outros e conseguir um espaço físico próprio para preservar sua concentração."
O fato de uma pessoa gostar de se isolar para criar é uma característica normal, mas o isolamento constante pode ser prejudicial. Para alguns, poder se retirar por um período pode ser um privilégio. Aprender a desenvolver a concentração no meio de todos é como conquistar um novo espaço a qualquer instante.

"Você controla seus sentimentos e se sente perturbado com os problemas pessoais de outras pessoas."
Enquanto o envolvimento com o problema dos outros não interferir nos seus, você saberá

equilibrar suas ocupações. Saiba controlar os seus sentimentos para que não fiquem reprimidos; eles poderão se manifestar em forma de bloqueios inconscientes ou algo mais grave.

"Você tem um estilo independente."
Se você souber trabalhar em equipe, com esse atributo só beneficiará as pessoas. Estimular as pessoas a resolverem seus problemas para assumirem suas próprias responsabilidades é um ponto muito favorável desse líder.

"Você é irreverente e não tem muito respeito pelas burocracias e autoridades."
Romper com o sistema, às vezes, pode ser útil. Em outras ocasiões, é preciso compreender a verdadeira função que as pessoas exercem. A observação apurada evita desgastes. Um estilo irreverente pode colaborar ou criar barreiras. É preciso saber quando e como adotar essa postura.

"Você tem boa capacidade de memória e de síntese."
Assimilar as diversas linguagens e expressar-se com clareza é uma virtude. Esse é um dos mais importantes preceitos do indivíduo Zen.

"Você é seletivo e sabe abandonar ideias inúteis."
Saber desistir ou recomeçar no momento certo pode ser o diferencial de um resultado positivo. A capacidade de pressentir precisa ser priorizada. Cada um tem um jeito próprio, que é só seu, de desenvolver esse potencial.

"Você é o homem das ideias."
É bom saber que sua opinião foi aceita. Mas, se isso não ocorrer, é bom saber também que devemos fazer surgir outra nova ideia.

"Você tem boa imaginação."
Geralmente, quem tem muita imaginação tem muitos diálogos internos. Então, é bom saber coordenar esse farto e populoso mundo interior. Muita imaginação, muitos projetos. Tudo precisa ser bem equilibrado entre o ser e o fazer.

"Você é leal aos projetos."
Toda vez que nos dedicamos a um projeto, precisamos saber quanto de tempo útil pode e deve ser gasto nele. Saber quanta energia deve ser despendida ou concentrada. Mais uma vez: deve-se saber o que é sonho e o que é realidade concreta, o que está dentro de suas possibilidades.

6.3 Do tipo ADMINISTRADOR:

"Você é um profissional organizador; é aquele que exige e fornece diretrizes, que segue rotinas estabelecidas."
Nada mais necessário do que um estado de equilíbrio para que as coisas possam ser concretizadas. Deve-se observar para que não haja exageros. Quando as resistências são coerentes, as coisas fluem com mais naturalidade.

"Você é conservador e só aceita mudanças se a lei estiver errada."
A única coisa perene na vida é a mudança. Estamos em um processo de alteração constante. Perceba os movimentos. A teimosia pode ser prejudicial.

"Você delega estritamente o que deve ser feito."
Há sempre uma atitude inconsciente que rege um modo de agir. O que faz com que você queira controlar o ritmo de trabalho de outras pessoas? Querer controlar pode ser útil apenas em determinados momentos, sob determinadas contingências ou circunstâncias.

"Você respeita tudo o que estiver ligado à tradição."
Estar em conexão com suas tradições é manter viva a sua ligação com seus entes do passado. Respeitar a diversidade cultural é entender a teia que forma o tecido social.

"Você raramente oferece soluções criativas."
É preciso exercitar esse lado adormecido. Com o tempo, "a prática faz o monge", diz o ditado. Desperte o processo motivacional e desenvolva ideias. Exercitar-se e esforçar-se é um ato de integração com os seus pares, seus parceiros; é a chamada coletivização criativa.

"Você costuma ser um *workaholic*."
De que você está se escondendo ou fugindo? Há um tempo para cada coisa. Quando levamos trabalho para casa ou ficamos até tarde

trabalhando, alguma coisa está errada: ou o trabalho é demasiado ou você não está dando conta. Alguma coisa está planejada da maneira incorreta.

"Você é compulsivo nas cobranças."
Não adianta querer fazer com que as coisas andem no seu ritmo. Perceba as ramificações e as disponibilidades de tudo que está envolvido — pessoas, recursos e processos — quando solicitar uma tarefa.

"Você tem espírito prático."
Ser o condutor que prioriza a realização é uma virtude. Direcione seus esforços nesse sentido.

"Você é muito pontual."
Um hábito pouco comum em nossa sociedade: entender que cada um tem seu tempo. Devemos estudar melhor a utilização correta do tempo. Por um lado, os pontuais sofrem com seus opostos; por outro, ser assim tem a ver com respeito, consideração, compromisso moral ou legal.
O tempo é um componente importante a ser trabalhado dentro do caos urbano dos dias atuais.

"Você prioriza a retidão e o fazer certo."
A ação correta é um dos valores humanos fundamentais. O estudo da ética, o uso correto da natureza e do dinheiro são atitudes necessárias ao convívio pacífico.

6.4 Do tipo EMPREENDEDOR:

> "Você é o profissional que enxerga problemas complexos relacionados à sobrevivência da empresa."

Se a maioria de nós pudesse ter essa habilidade, isso seria a salvação de muitos negócios. Essa habilidade é de poucos. Com certeza, boa parte das pequenas, médias e até grandes empresas poderiam sobreviver ou oferecer mais oportunidades.

> "Você dá prioridade à originalidade de seus projetos."

É necessário aceitar as mudanças e suas variáveis e ser justo com as pessoas à sua volta. Ideia não é patrimônio dos gênios; a verdadeira genialidade está na amplitude de sua aplicabilidade.

> "Você tem talento como líder que se evidencia em situações de crise."

A calma, a percepção e o entendimento de quem são e como agem as pessoas que formam uma equipe permitem ultrapassar dificuldades, mesmo com recursos escassos.

> "Você sabe se relacionar com formadores de opinião internos ou de fora da empresa."

O diálogo é a ponte que liga todas as parcerias e promove as melhores negociações.

"Você tem que ser sempre o primeiro para se satisfazer."
Experimentar é o que os cientistas vivem fazendo. Desde que a satisfação não se perpetue como uma atitude egoísta, as suas vontades devem ser realizadas, mas sem exagero.

"Você prefere arriscar."
A certeza de seguir a sua voz interior e o prazer de acertar seus conselhos é indescritível. Entretanto, mesmo que haja um erro, um desastre, saber que você fez tudo o que estava ao seu alcance naquele contexto lhe dá certa dose de aceitação, diminui o arrependimento.

"Você tem espírito tocador."
É sonhador, batalhador, idealizador, criador. Está sempre realizando alguma atividade. Existem pessoas que são capazes de recomeçar e refazer suas histórias, que têm um espírito incansável. Saber separar toda essa força interior — sem ansiedade — do ato de realizar é o verdadeiro ponto de equilíbrio entre o ser e o fazer.

"Você é capaz de montar negócios desde o início."
Já ouvimos de teóricos que eles são capazes de escrever livros, mas incapazes de tocar um pequeno comércio. É um desafio saber o que, como, onde, quando e a quem fazer; saber selecionar e separar os níveis de ações dentro das suas prioridades. Entretanto, montar e gerir negócios tem a ver com a habilidade de se partir

do quase nada. É o ato genial de saber aglutinar pessoas e recursos em torno de um projeto.

"Você desiste de caminhos práticos e cria normas que lhe convêm."
Sempre nos lembramos das comparações entre o teimoso e o intuitivo quando ouvimos alguém dizer que tal pessoa cria normas que lhe são convenientes. É interessante observar pessoas que tomam atitudes motivadas do nada. Às vezes, geram mudanças bruscas de rumo. Se tais mudanças acabam favorecendo resultados positivos, costuma-se dizer que esse foi um ato de coragem, de pura intuição, e que aquela pessoa é predestinada ao sucesso. Entretanto, se o resultado dessa mudança de caminho for um fiasco, poderá haver uma busca pelo culpado; e se é que existe um culpado, a culpa poderá recair sobre aquele que se considera teimoso. Ser um empreendedor ou um alto executivo algumas vezes exige tomadas de atitudes indesejáveis ou impertinentes para determinados grupos. Nem todos podem ser ou estar satisfeitos todo o tempo. Essa é uma compreensão Zen.

"Você é aquele que faz o futuro acontecer."
Todos têm condições de fazer o futuro acontecer. Isso é um dom que pode estar adormecido, que poucos sabem que têm. Essa é a natureza intrínseca de alguém que consegue viver em sua plenitude, daquele que consegue ser um

empreendedor ou um executivo vivendo seu momento de maneira equilibrada, em paz, com ética, partilhando seus conhecimentos, sucessos ou experiências com seus colaboradores.

Administrar é como na química: cada elemento depende de outro.

> **Se você viver com mais sentimento de amor em cada situação, haverá uma mudança invisível acontecendo, sem que você perceba.**
> Essa é a chave da transformação, da renovação e do reequilíbrio.

7. A REALIDADE PRÁTICA DO MERCADO

7.1 Pronto para colaborar nas relações de trabalho

Uma pessoa com uma sólida base de formação nessa área humanística tem boas possibilidades no mercado. Esse é um quesito que as organizações procuram preencher e que acreditamos que logo alcançará um estágio de consolidação nas novas relações trabalhistas, de vínculos de cooperação, responsabilidade e criação conjunta. Entretanto, exigirá de empresários e empregados um elevado grau de maturidade e conscientização de como conciliar interesses e resultados.

> As melhores empresas para se trabalhar são aquelas que integram todos os fatores e recursos.

Como constatamos pela imprensa especializada, aplicações práticas nas áreas de recursos humanos já têm sido absorvidas. A transparência e a negociação constantes são os caminhos que temos utilizado com êxito para motivar grupos internos. Não devemos esquecer que as pessoas são o principal alicerce das organizações. E, por conseguinte, são as de dentro que a divulgam e fazem a sua verdadeira publicidade.

Os jogos de poder são inimigos da boa administração.

7.2 Vivendo sob constante tensão, quase nos limites

De uma maneira geral, cada um de nós tem diferentes níveis de tolerância para cada assunto. Portanto, de acordo com as circunstâncias de excesso ou escassez de informação que ocorrerem dentro de uma empresa, situações estressantes serão produzidas. Esses sentimentos reprimidos somente serão detectados quando as doenças se instalarem, desde as psicossomáticas até as patologias mais graves.

A literatura disponível sobre esse tema aborda a existência dos seguintes fatores organizacionais geradores de estresse, em ordem de importância:[7]

7 DELBONI, T.H. Vencendo o stress. *São Paulo: Makron Books*, 1997.

A idealização de metas impossíveis;

As chefias mal preparadas que se desgastam com os subordinados;

O problema de comunicação deficiente que pode destruir as redes de relacionamentos;

A falta de compreensão para se ter um programa de treinamento adequado que permita o melhor entrosamento entre os funcionários;

A própria deficiência entre o material de trabalho e a sua não adaptação às necessidades;

As indefinições quanto ao futuro da empresa;

Não ter os objetivos claros, estruturados e comprometidos entre os integrantes da empresa;

Ter condições ambientais de trabalho inadequadas;

Ter organismos controladores e que pressionam por metas e controles de empregados.

Outros aspectos relacionados aos fatores organizacionais e psicológicos que levam ao estresse são: radiação, infecções, poluição sonora, poluição ambiental, deficiências nutricionais, variações bruscas de temperatura, mudanças no horário de trabalho. Esses são alguns dos fatores que podem desestruturar uma empresa ou colocá-la de quarentena.

Analisando esses dados, podemos confirmar que as mudanças constantes de planos, projetos, propostas, metodologias e teorias tendem a provocar direta ou indiretamente essas situações de desequilíbrio.

> **Muitas vezes, as grandes mudanças só acontecem a partir das pequenas atitudes.**
> Outra chave.

É possível controlar os sintomas do estresse, mas é necessário que as causas sejam sanadas para que o processo não se reinicie. A qualidade dos meios para se alcançar um resultado não se mede pelo número de horas trabalhadas, mas pela atenção, criatividade ou prazer com que as tarefas são concluídas.

Se tivermos, de maneira bem definida, uma missão para a empresa e todos os integrantes participando e compreendendo-a, muitas serão as chances de redução dos desperdícios de energia ou de possíveis níveis de estresse.

Assim sendo, troque ideias constantemente ou negocie metas com seus colaboradores, fazendo-os vivenciar esse processo com alegria e satisfação.

> Vejamos:
> Cuidado com a entrega "incondicional" aos prazeres do trabalho. Os bônus milionários podem servir de estímulo, mas podem despertar monstros incontroláveis.

7.3 A questão da família nas organizações

A família é um ponto especial. Um ponto difícil de ser superado em razão do conhecido registro de conflitos. Para alguns, serão as pessoas mais importantes pelas qualidades ou por serem de extrema confiança. Mas, para outros, é como se estivessem trabalhando com o inimigo. Ao colocar um parente numa função, deve-se ter em mente que essa pode ser a sua melhor ou pior escolha.

Temos diversos exemplos de disputas nos fóruns. Neles são conhecidas as alegações dos litigantes por uma participação nos lucros, nas partilhas ou na divisão de bens. Estão representadas em todos os graus de parentesco. A justiça que se faz nos tribunais nem sempre satisfaz uma das partes. Mas, qualquer que seja a decisão, deve ser interpretada como um dever cumprido. Se ela define-se como justa ou não é outro aspecto. Do ponto de vista Zen, é o *dharma*.

> Relações familiares podem transformar negócios lucrativos em desastres. O contrário não é possível.

Se os envolvidos concordam que haver uma relação profissional entre eles é a melhor opção, é sempre bom um redobrado exercício de convivência e aprendizado mútuo. O mais apropriado é que seja desenvolvida uma relação de muito diálogo a fim de anular qualquer sentimento de injustiça. Para que isso ocorra, é preciso saber separar as informações profissionais dos segredos particulares ou familiares. É um desafio constante. Para muitos, trabalhar com familiares é um prazer pelas responsabilidades ou oportunidades oferecidas, mas é necessária uma dose extra de paciência ou resignação.

O que você faria se não tivesse medo?

7.4 Amigos ou inimigos

Vamos desenvolver o conceito de como conviver com desconfortos de relacionamentos e problemas financeiros. Esse binômio é, talvez, o mais conhecido nas organizações. E deriva desses dois temas a questão do controle administrativo.

As pessoas dizem que não suportam trabalhar com determinadas pessoas ou que estão ganhando menos do que deveriam. E, da parte do empresário, ouve-se que está trabalhando com as pessoas erradas ou que o seu faturamento não é suficiente para manter a estrutura como gostaria. Há um ditado popular que diz que "quando falta pão, ninguém tem razão". Trabalhar com poucos recursos é um desafio em qualquer lugar do mundo. É difícil ser capitalista sem capital. Se esse é o problema, não dá para ser resolvido nesse momento.

Ter que aturar chefe, colega, sócio, fornecedor, cliente — será que vale a pena?

O que vale, então?

Mas surge daqui o conceito do despertar da tolerância administrativa. **É útil compreender como superar obstáculos pela tolerância.** Entretanto, como avaliar se fui ou não tolerante? Novamente, vamos a uma lição básica: nada como o exercício do convívio com os opostos.

> **Esse é um tema que levanta questões perturbadoras presentes no linguajar diário das pessoas nas organizações. Comenta-se a todo instante: "Penso que controlo, mas, realmente, pouco está sob o meu controle".**
> Essa é outra chave.

O ser humano, quando se sente vigiado, tende a assumir posturas de resistência e, não obstante, pode ter sua criatividade prejudicada. Uma grande maioria não gosta de ser observada enquanto trabalha. Se existirem câmeras flagrando sem que se saiba, isso não é uma atitude ética. Essas ações de controle excessivo podem acabar despertando comportamentos agressivos por parte de quem se sente controlado. Sabe-se, por pesquisas de clima organizacional, que sentimentos de revanche, retaliações ou corrupção nascem desses excessos. Afinal, perde-se o elo da confiança e do respeito entre as partes.

Então, anote essa tendência do pensamento administrativo humanista:

> Devemos ter organizações com poderes mais descentralizados e sem um controle rígido, em que as ideias fluirão e os negócios se farão de forma mais harmoniosa.

Quanto mais queremos controlar, menos nos sentimos no controle.

Afinal, o que é ser uma pessoa tolerante? Segundo o dicionário *Aurélio*[8]: pessoa "que desculpa certas faltas ou erros"; e mais: "aceita as diferenças e todas as tendências a admitir modos de pensar, de agir, de sentir e de servir que diferem dos de um indivíduo ou grupos determinados, políticos, religiosos". E, para completar: "pessoa que desculpa, que é indulgente, que é benigna, que admite e respeita opiniões contrárias às suas". Mas que não aceita um jogo sujo, acrescentemos.

---

8 FERREIRA, A. B. Holanda. Novo Dicionário Aurélio da Língua Portuguesa. Rio de Janeiro: Nova Fronteira, s/d.

Vejamos:
Tolerar não significa se anular. Nada de aceitar só para mostrar que você tem um grande e bondoso coração. A tolerância é uma qualidade quando permite a você refletir sob novos pontos de vista.

7.5 Fazendo pressão para obter vantagens

Numa sala de aula de marketing e negócios, durante uma troca de experiências, um aluno mostra um jornal e pergunta: "Professor, como é que o senhor nos ensina a prática da ética nos negócios se a realidade que se lê nos jornais é outra?".

Dizia a notícia que um ex-secretário de governo havia montado uma rede de empresas especializadas em intermediar negócios de companhias privadas com o setor público. Iam de corretagem de seguros a consultoria e planejamento empresarial — na prática, promoviam o *lobby* de interesses privados. Ocorria, também, a pressão de um grupo interessado em aprovar determinadas leis para proteger mercados, criando o que pode ser chamado de reserva de mercado. E isso não tem nada a ver com livre concorrência, mercado aberto, nem o que se pretendia ensinar em sala de aula. Daí a indignação do aluno.

Entretanto, a prática do *lobby* — termo em inglês que significa *pressure group*, ou melhor, "grupo de pressão" — nasceu e ocorre nos Estados Unidos de maneira aberta. Isto é: o grupo dos caminhoneiros ou dos produtores de laranja, tomate, uva, soja têm seus representantes no governo. Assim, quando uma lei é aprovada, atende a toda uma categoria e não a um seleto grupo de interessados. Justa reivindicação? Pelo menos deve ser uma prática aberta e transparente. O problema é quando não é.

Por que alguns acham que todo negócio milionário ou bilionário entre grandes corporações não é legítimo? Devemos lutar pelos nossos direitos com as mesmas armas de pressão.

Assim, se o grupo dos banqueiros luta pelos seus interesses, o dos correntistas lutará pelo outro lado. Quem fizer mais *lobby* — ou seja, mais pressão — terá seu pleito atendido. Em teoria, é assim que se pratica a pressão econômica, financeira, política ou social dos interesses de maneira democrática. A princípio, todos devem saber quem está puxando o cobertor para o lado de quem e o porquê.

O *lobby* interno (privado) que acontece dentro das empresas, seja ela de que tamanho for, é tanto ou mais poderoso quanto o *lobby* externo (público). Quanto a isso, lembramos da história do chamado gerente-abelha que dificilmente era punido ou perdia o seu posto. É a figura que tem uma rede interna de influências de dar inveja. Aliás, essa é a sua maior arma: a inveja. Dizem que o gerente-abelha, quando não está voando pela empresa e dando ferroadas, está em sua mesa fazendo cera.

O *lobby* interno tem em sua composição as chamadas panelinhas e as vacas sagradas das organizações, que não se conseguem substituir por interesses indefinidos e não transparentes.[9]

O *lobby* ou o uso de grupos de pressão é como o estresse: se administrado, surte efeitos positivos.

---

9 KOTLER, P. Administração de marketing. 10. ed. São Paulo: Pearson Brasil, 2000.

Portanto, o caminho é analisar o quanto você considera responsabilidade sua esclarecer o que lhe parece moralmente legítimo. Em todas essas situações de pressão, é melhor saber a distância que se quer ter de quem estiver criando um clima hostil. Então, deve-se enfrentar o problema conhecendo-o profundamente, em detalhes, e fixar o quanto se envolverá em tempo e recursos.

> Não desista de querer esclarecer o que está claro à sua frente. Lembre-se também de quando o silêncio faz mais efeito.

7.6 As intrigas ou falsidades

Quando se formam redes de intrigas internas em torno do compromisso estratégico, a empresa pode estar começando seu fim. Não importa o tamanho da empresa em que você trabalha, sempre existem as atitudes desse tipo, deturpando ou deformando as propostas inovadoras e construtivas. Elas são deflagradas pelos matadores das ideias criativas.

As prováveis fontes que abastecem essa poderosa rede da indústria do boato são as reuniões improdutivas ou mal planejadas, que desgastam pela falta de prioridade explícita, os diálogos soltos pelos corredores, as decisões sem cabimento, tomadas ao sabor das emoções, e os programas de treinamento impróprios.

Se for o caso, é preciso aprender a trabalhar com os menos sintonizados eticamente; com aqueles que mentem na hora da contratação e mostram, com o tempo, como é deturpado o seu conceito de valor humano. São esses os que disputam posições com toda a inveja, deslealdade ou desonestidade que lhes convêm.

Não se esqueça que, em ambientes competitivos, amplia-se o risco de sofrermos com as confusões provocadas por grupos que se formam, criando redes paralelas de poder.

O que pode ser feito para que não haja boicotes? Esse é o trabalho de encontrar os bons colaboradores. Por outro lado, detectar e desmontar as fontes que corrompem os ambientes internos na empresa, com a criação de um franco canal de comunicação interno, sobretudo aprendendo a lidar com as pessoas problemáticas, são caminhos para essa questão.

7.7 Marketing com função de Guerra Santa

Dentro do plano estratégico, encontra-se o plano de marketing. É nele que se delimitam as metas a serem alcançadas. E o que se exige para esse cumprimento está nos planos de ação, com os passos específicos detalhados.

Esse plano compõe as chamadas ferramentas usadas para vencer obstáculos, a dinâmica da disputa, da concorrência, da contrainformação ou da competência sendo checada a todo instante. A função-proposta, entre outras, é a conquista de um mercado. A ordem é tornar instável o que o outro tem de estável. Cria-se a visão falsa de que todos podem ter de tudo.

É a guerra de mercado, para a conquista da paz na manutenção de um negócio ou emprego. São as regras, ditas científicas, para que se possa vender um produto ou serviço que é melhor do que o outro por essa ou aquela razão. É preciso se dedicar quase religiosamente com esforços concentrados e cumprir as missões todos os dias. **Empresas compostas a partir de ideias lutam para ser acreditadas. A crença nos seus produtos ou serviços é tão diferente de uma seita?**

Os colaboradores, vestindo corajosamente a camisa da organização, bem comprometidos, vão participando de uma santa guerrilha de interesses comerciais. Acreditam tanto em seus produtos ou serviços que promovem a conquista de uma fatia do mercado numa fé cega. São as novas cruzadas, só que empresariais. Quantos estão assim, engajados?

7.8 Artes milenares por uma fatia do seu bolo

Ainda, explícitos na busca de técnicas para se tentar ter de tudo, podemos ler nas interessantes histórias em Sun Tzu,[10] com seus segredos de 2,5 mil anos atrás baseados em Confúcio, sobre a arte de brigar com palavras e argumentos.

Aprendemos por estudos que algumas pessoas do mercado financeiro, por exemplo, estão utilizando essas técnicas milenares em seus negócios para se sentirem mais preparadas ou protegidas. Até aí, sem

10 LUNDELL, D. Sun Tzu: *a arte da guerra para mulheres e homens de negócios*. Trad.: Lenke Peres. São Paulo: Futura, 1997.

problemas. Vem a explicação: é para que possam atingir objetivos, que é só ganhar, ganhar e ganhar. Além de conseguirem fortunas, ficarem ricos ou famosos. Somente lhes interessa a vitória e o êxito.

O que nos sugere a análise dessa questão? É que há sempre alguma teoria sendo ressuscitada para fundamentar as pretensões desmedidas de cada um. É um modismo administrativo ou mercadológico.

Dessa maneira, os livros de marketing fazem adaptações de muitas dessas técnicas, inclusive de guerra. Vejamos mais um exemplo, de um resumo do que o marketing nos ensina[11] sobre como tratar esse conceito de participação no mercado, como conquistar a sua fatia do bolo.

Há preocupações nas estratégias de posicionamento de cada empresa que não são diferentes daquelas que adotamos para definir nossas metas pessoais. Assim, sugere-se como agir para manter ou expandir uma participação no mercado, quando:

Quem é líder se expande ou se defende;

Quem é desafiante vai comprando os menores ou ataca o líder;

Quem é seguidor procura imitar o melhor que pode e não faz concessões ou se defende como pode;

Quem disputa os nichos deve se concentrar na especialização e no serviço diferenciado, que são segredos da sobrevivência.

Deparamo-nos com a questão: como seria uma atitude Zen?

Esse é o ponto mais frágil em nosso conjunto de técnicas. Não há muito que se explicar sobre a

---

11 KOTLER, P. Administração de marketing. 10. ed. São Paulo: Pearson Brasil, 2000.

competição provocada no mercado por pessoas e, consequentemente, por suas organizações. Como fica a manutenção do seu ou do meu emprego? Um de nós receberá a recompensa diferente do outro?

Essas são as práticas de cada um pela sobrevivência. São as forças criativas representadas pelos recursos pessoais, financeiros ou materiais, dirigidas pelas ações estratégicas ou de marketing. Entende-se que tanto as ideias boas quanto as ruins podem ser difundidas ou trabalhadas em qualquer mercado. Afinal, é o mercado, é o todo que decide o que quer.

Dessa maneira, saiba compreender as leituras, de livros e de sinais externos, da parte de cada um, para poder interpretar a verdadeira mensagem que lhe está sendo passada. O objetivo de se aplicar o Zen nas estratégias é mais do que um exercício de avançar ou recuar, de ficar passivo ou na defensiva, pois é preciso saber enxergar o que o momento pede que seja feito; é mais desafiador: deve haver um esforço de compreensão ao que acontece no **seu** mercado pessoal. Na sua história pessoal.

A estratégia Zen é mais uma guerra interior revelada só para os iniciados nas ciências do equilíbrio dos desejos, das necessidades e expectativas.

Entretanto, o Zen não garante nada.
Nem todos irão ganhar, nem todos irão perder, nem todos serão felizes, nem todos viverão para ver seus resultados, nem todos entenderão todos.
Essa é outra chave.

7.9 Não se sinta culpado por fazer parte desse processo

Assim como os produtos, as empresas e pessoas vivem os seus ciclos. Os ciclos e seus conjuntos de tarefas podem ser interrompidos ou modificados pelo próprio tempo, seja pela caducidade ou por fatores internos ou externos do próprio negócio ou do mercado.

Perceber qual é o papel que desempenhamos como mentor ou coadjuvante nesses processos ajuda-nos a agir com mais sensibilidade em relação às pessoas envolvidas.

Dessa forma, evitamos o sentimento de culpa por acreditar que a contribuição nas tarefas que ajudamos a transformar ou modificar — sabemos que alguns sequer têm a noção do que estão fazendo — não tem representatividade ou utilidade.

7.10 Lidando com perdas, corrupção, espionagem industrial e abusos de toda ordem

"Empregados que geram fraudes ou prejuízos"

Como podemos trabalhar com as situações imprecisas do mercado? Devemos estar em perfeita resignação com os infortúnios do destino? Ser determinista ou fatalista? Eis a questão.

Esses são os fatores exógenos — as variáveis que não se pode controlar — com todos os seus ingredientes perniciosos; são quase impossíveis de prever. Há determinados tipos de erros cometidos ou situações de imprecisão que acabam gerando prejuízos menos visíveis à organização. Em qualquer caso, quando descobertos, somente sendo compreensivo e tolerante, deve-se agir com rapidez e firmeza para acabar com o problema.

Pode-se dizer que existem verdadeiras quadrilhas agindo nesse sentido. Os abusos mais dispendiosos ocorrem em organizações com menos de 100 funcionários, segundo declarações de advogados especializados no tema.[12]

A intenção está no nível das coisas que você não precisa mostrar. Basta pensar.

[12] O Estado de S. Paulo, *São Paulo*, 26 mar. 2000. Caderno de Economia, p. B9. Disponível em: <http://mercado-global.blogspot.com/2007/09/fraude-atinge-80-dos-negcios-no-mundo.html> Acessado em: 29 jun. 2011.

7.11 Administrando no ambiente cruel e competitivo

Não há outra solução a não ser gerir esses fatores e processos. Quando acontecem, temos que tentar procurar o que desencadeou o problema em si. É de difícil aconselhamento se não forem bem levantadas todas as questões que motivaram o ato criminoso. E o que mais nos desafia é aceitar a confusão e as complicações que o outro nos proporciona.

> É uma boa reflexão a um tema tão difícil: como é seu apego ao dinheiro, aos bens materiais, às perdas reparáveis ou irreparáveis?
> Essa é outra chave.

7.12 Falido, despedido ou concordatário, apesar de estar Zen

Como executivos ou empreendedores, devemos ter a consciência de que isso pode ocorrer a qualquer um se, em determinada ocasião, for essencial acabar com todo um departamento que não é rentável, fechar uma filial que se tornou deficitária, demitir por excessos ou qualquer outro motivo, encerrar as atividades. Entretanto, conduzir o processo de transição sem traumas é o diferencial da atitude Zen.

O fato central é que todas as coisas têm um caráter de impermanência, e isso quer dizer mudança constante. Acreditamos que as coisas que nos cercam possam ser permanentes, mas geralmente não são. Quando percebemos isso, precisamos aprender a trabalhar com a perda, mas é tão difícil de lidar com ela quanto com a inveja, pois esta tem ligação com a vontade de ter ou possuir, ou seja, com o apego.

Vem daí o medo de perder ou de nunca mais sentir o prazer da posse. Esse é o ponto que se questiona: o sentimento de pertença.

Pergunte-se: o que nessa vida me pertence de fato?

Hoje estou aqui, presente, consciente, vivendo um momento de calma e compreensão total.

Às vezes, quando enfrentamos a atitude de deixar tudo para trás e começar de novo, ficamos com marcas profundamente irreparáveis. Estamos sujeitos a essas oscilações, sem que possamos nos orientar quanto à melhor saída, pois pode existir mais de uma.

Por exemplo: uma pessoa termina um relacionamento afetivo de muitos anos e, simultaneamente, desliga-se de um importante emprego. Anos mais tarde, reata com seu antigo empregador, trabalha mais alguns anos e, depois, desliga-se novamente. Por que isso veio a ocorrer? Para que alguma coisa pudesse ser finalizada ou concluída. Ou, simplesmente, foi algo iniciado por meio do novo movimento que foi feito?

Como tudo está ligado no todo, **lembre-se**: parece-nos que as coisas que ficam incompletas se encarregam de se completar em determinado tempo. Não há melhores explicações para acontecimentos como esse do que a própria prática da impermanência. Ou seja: o ontem não é igual ao amanhã. **Acredite**: a vida é apenas para ser vivida.

Fazer o que tem que ser feito, e bem feito, sem achar que isso lhe pertence.

Isso é um exercício de conscientização que nos leva a interpretar o nosso verdadeiro papel dentro de qualquer estado de ser ou estar pessoal ou profissional. Seja simplesmente você para agir.

> **Você nasce Zen, sem preconceitos, e acaba se deturpando.**
> Essa é outra chave.

7.13 Tecnologia - tirando os hábitos da comunicação

Estarmos conectados na rede de computadores às pessoas que nos interessam ou termos dezenas de amigos nas redes sociais parece ser útil. Mas, por outro lado, podemos ficar mal-acostumados ou preguiçosos, resistindo a fazer contatos pessoais.

Um dia desses, estávamos em um bar muito animado, desses em que acontecem os tais *happy hours*. Só que, em vez de as pessoas estarem falando entre si, conversavam pelo telefone celular. Nada contra, desde que não exageremos na dose. Deve-se ter cuidado ao se ligar demais ao virtual.

Boa parte dos nossos problemas, dos motivos para não nos sentirmos felizes, tem como justificativa a falta de mais contato interpessoal, de olhar nos olhos, da presença física ou até do toque sincero. Nada de imaginar bobagens! Um bom começo de dia é tomar café da manhã ou almoçar com a família. Isso ajuda no equilíbrio e na harmonia de uma casa. Falar mais com os filhos, deixar que eles se aproximem e nos abracem é vital. Com certeza, muitos já fazem isso.

Como você se relaciona, porém, com as pessoas com quem trabalha, com aquelas com quem convive muitas horas? Como são seus contatos?

A crise que estamos vivendo tem algumas raízes nessa falta de contato pessoal. A própria sociedade nos impõe limites para a conversa, seja por medo do desconhecido, pelas notícias diárias que desestimulam a convivência, seja pela hierarquia social — certo racismo econômico — que determina ou define os grupos pela quantidade de bens e afazeres bem-sucedidos.

> **A comunicação humana precisa ser desenvolvida e analisada permanentemente, sob os mais variados ângulos. Ela faz o imprescindível papel de vocalização de ideias. O empobrecimento da linguagem e o desinteresse pela conversação tendem a enfraquecer as relações interpessoais.**
> Essa é mais uma chave.

7.14 Opiniões sinceras nos momentos de revisão ou finalização

Os outros às vezes enxergam melhor nossas mais profundas intenções ou desejos. Ouça-os, se puder. Isso é muito útil, pois nos auxilia a perceber algumas sensíveis diferenças, como separar a ilusão, as aparências e as vaidades do verdadeiro caminho.

A opinião alheia oferecida de maneira incondicional, como um ato de bondade, gera bons dividendos e é percebida por quem a recebe, independentemente de conseguirmos que elas façam isso conosco de maneira espontânea. Mas podemos fazer por elas se esse apoio nos for solicitado.

Com uma opinião sincera, podemos entender ou considerar quando devemos dar por encerrada uma etapa ou tarefa. Isso pode nos ajudar a não nos sentir incompletos, imperfeitos ou incompetentes, por exemplo. Experimente esse exercício de compartilhar.

7.15 Vivendo o ócio com informação e negócios

Um tema que nos tem chamado a atenção são as tendências futuras de como administrar o tempo livre.

E já que falamos de tempo: você tem conhecimentos técnicos suficientes para manter seu emprego por mais tempo? Potencial, habilidade, conhecimento e capacidade são fundamentais para o sucesso de uma carreira.

O que faz com que um executivo jogue tênis ou golfe às cinco da tarde? Será que se as pessoas pararem para conversar, com todas essas tecnologias disponíveis, estarão sendo consideradas desleixadas? Será que a intuição, o *insight*, vem mesmo com o tempo ocioso, para que possam compensar esses fatores?

As tecnologias deram ao ser humano a possibilidade de viver com outros tipos de escravos. Por exemplo, o *e-mail*, que vale por dezenas de mensageiros a cavalo dos tempos remotos. Faça um levantamento de quantas pessoas estão lhe prestando algum serviço: de serviçais a empregados indiretos, remunerados conforme as condições de cada um. Analise como você está se saindo em suas realizações profissionais.

> A vida ficou mais fácil de se empreender, mas mais difícil de se compreender.

Lendo o texto acima, reflita e responda: não seria o contrário também verdadeiro? Essas contradições ou paradoxos deixam um sabor de que sempre estará faltando algo para eu saber?

Parece-nos que sempre haverá uma sensação de impotência, de insatisfação, para não dizer frustração. Para diminuir essa sensação de vazio, precisamos parar, selecionar, separar e nos policiar para não comprar o que não leremos ou jamais usaremos. Alguém poderá dizer: "Isso eu não posso ler agora; não posso me comprometer a fazer isso. Preciso administrar meu tempo todo, inclusive o livre. Sei que até para pensar gasto tempo. Por isso, é preciso saber dizer quando não quero ou quando não posso: 'Agora, não!', 'Isso não, obrigado!'".

Temos tempo para pensar. O tempo ocioso é um meio eficaz para contemplar nossas atitudes e revisá-las. Vamos viver o ócio programado, com todas as modernidades e tecnologias.

Nessa altura, numa atitude não menos contraditória, anunciaria o deus grego Chronos, senhor absoluto do tempo, dando a impressão de que a maior revolução social ainda está por vir: "a interiorização dos seres humanos numa compressão intuitiva e espiritual única para superar as falhas de comunicação".

7.16 Excesso de dados, aparências ou resistência

Imagine a cena: pedras jogadas em um lago de águas calmas — elas são os excessos que provocam ondas.

Com essa imagem, podemos representar a causa de uma confusão, de uma desordem mental, de algum distúrbio. Os excessos podem ser variados e provocados, por exemplo, pelo grande número de informações que acumulamos em conversas não filtradas, pela poluição visual, sonora ou ambiental que nos agride.

Ainda pior é quando nos perguntam algo, cobram um posicionamento pessoal ou querem nossa opinião. Assim, se sabemos de um dado ou informação que não esteja no nosso contexto diário, ou seja, algo de nosso interesse — por exemplo, se você sabe quem veio cantar na cidade, quem deu aquela entrevista, quem declarou o nome dos envolvidos, quem disse o que para quem —, o outro se sentirá um desligado, não é?

Não se sinta assim. Se você não estiver por dentro ou estiver absolutamente por fora, não desanime. Responder que não sabemos pode ser o mais correto. Parabéns! Você é um ser normal.

> **Cuidado com os excessos. Na maioria das vezes, você só os percebe quando eles transbordam de você.**

Usaremos duas metáforas para essa situação: uma é utilizar o vento e a outra é poupar forças e remar a favor da **sua** maré. Assim, em determinados momentos, resistir pode ser um ato de violência consigo mesmo.

Compreender quando e como intervir de forma harmoniosa é um ato no mínimo divino. Deixe que as coisas fluam. Oferecer resistência quando as informações o pressionam pode significar tumulto pessoal ou administrativo. O bom observador deve se retirar de cena até que as nuvens tenham se definido.

> **Quando a confusão é evidente, espere que os envolvidos e as suas opiniões se definam, que o estado natural do lago se recomponha; se for favorável, somente aí tome a sua decisão.**
> Essa é outra chave.

7.17 Acreditar que está no caminho certo

É um tema tão complexo quanto intrigante: as tarefas que começamos e, por algum motivo, largamos no meio do caminho. As tais tarefas inacabadas que depois questionamos por que deixamos de fazer.

Sabemos que todas as metas que estipulamos também terão ciclos. Outras poderão ficar só no campo das ideias.

Dessa forma, para que não haja uma cobrança sem propósitos, exige-se a revisão temporária de seus objetivos e metas. Daí a necessidade de darmos uma parada de tempos em tempos para avaliar aonde conseguimos chegar com os esforços que fizemos, e perguntar:

Qual foi a raiz da motivação que provocou a parada ou a desistência?

Quando temos essa questão claramente definida, se considerarmos que uma determinada tarefa num plano de ação pode ser renegociada ou se uma ação depende de outra, será menos problemático. O sentimento nesse caso é o de que, ao mudar nossa abordagem de análise, não estaremos sendo severos demais na avaliação.

É importante distinguir uma correção de rumo, de ajuste, daquele processo de mudança de rumo que fazemos quando avaliamos nossos níveis de prioridade. O resultado será que não nos preocuparemos se deixarmos coisas por fazer, pois consideraremos que o essencial foi feito. Isso parece que nos basta.

PARTE III
AGIR EM HARMONIA

8. OLHANDO PELO RETROVISOR

*"Os resultados obtidos no passado
não garantem nada para o aqui e agora."*

Vamos aplicar o conceito de ecologia empresarial na hora de rever para mudar, na hora de agir. Para isso, tomamos emprestado esse termo do árduo exemplo de trabalho dos ecologistas e defensores do meio ambiente em sua forma obstinada de querer manter vivas as coisas que fazem bem a si e aos outros. Precisamente nesse caso, referimo-nos ao meio ambiente urbano.

A abordagem "olhar pelo retrovisor nesse conceito de ecologia empresarial no meio ambiente urbano" é usada para avaliar para onde irá se continuar com os mesmos comportamentos e atitudes.

É recomendado olhar o passado para compreender as falhas, não buscar culpados, mas orientar seus caminhos. Enfim, estar aberto e disponível para assumir novos desafios e riscos. Isso pode ser fundamental para uma virada, um redirecionamento pessoal ou empresarial.

Apreciamos essa *análise comparativa* exatamente para poder entender a evolução dos processos de gestão pessoal ou organizacional. Esse conceito de olhar para trás não significa, portanto, perder tempo com as coisas do passado. É uma questão de reavaliar o que apreendemos e de conhecer e comparar as tendências e exigências do mercado no presente.

De maneira geral, as empresas estão querendo de seus executivos mais desafios do que queriam há anos atrás. Hoje, exige-se uma consciência do negócio como um todo, uma visão mais multifuncional do que sistêmica.

Valendo-se do que dizem os ecologistas: ao que pode ser *r*eutilizado, *r*eaproveitado, *r*econsiderado, reciclado com a nossa bagagem intelectual e cultural, acrescente o conceito da revisão contínua praticada por intermédio da contemplação e meditação acerca de suas atividades. Você acabará descobrindo o que pode ou não ser reintegrado.

8.1 Comparando os perfis dos indivíduos: O executivo ideal e o empreendedor de sucesso

De maneira sintética, reproduzimos os resultados de duas pesquisas que se mantêm atuais. Com elas trazemos os dados que confirmam que a sensibilidade mais aguçada e a capacidade de antever o futuro se tornaram os principais valores desejados pelas empresas em seus principais executivos e no perfil de um empreendedor de sucesso.

As duas listas com os quesitos mais votados estão em ordem de preferência. Procure checar as atitudes lado a lado para facilitar sua análise comparativa. Consideramos um bom sinal que o resultado desses trabalhos convirja com as ideias que desenvolvemos neste livro.

8.2 Os dez passos a serem dados pelo executivo ideal — o que se lê nas atitudes das empresas

Pesquisaram-se oitocentas opiniões que confirmam que as atitudes e posturas são o "algo mais" que distingue o executivo do futuro daquele que pode ter dificuldades para arrumar outro emprego. "As habilidades comportamentais do executivo estão sendo as mais requisitadas mesmo quando se fala de fatores que parecem técnicos", diz o consultor e coordenador da pesquisa[13]. E ainda acrescenta: "Parece que, no cenário da globalização, os talentos e atitudes pessoais ganharam importância maior".

Por meio de dez fatores que apareceram com maior prioridade na contagem geral, os resultados do estudo mostram claramente quais habilidades os profissionais que almejam uma carreira bem-sucedida devem ter, em qualquer que seja a área. Vamos a eles:

1. Capacidade para realizar e assumir riscos;

2. Ser ético e íntegro;

3. Ter visão de futuro e capacidade de planejamento;

4. Estar orientado para processos, pessoas e resultados;

5. Ter habilidade em negociação e flexibilidade para mudança;

6. Ter espírito inovador e criativo;

13 Ugo Franco Barbieri, consultor da área de Recursos Humanos, em declaração à imprensa, s/d.

7. Ter boa liderança e exercê-la por meio do exemplo;

8. Ter energia e dinamismo;

9. Ter habilidade para solucionar problemas;

10. Ser bom comunicador, articulador e assertivo.

Como podemos verificar na maioria dos pontos acima, trata-se de habilidades emocionais e comportamentais. Isso pode ser conseguido por meio do desenvolvimento contínuo de um padrão educacional e cultural na organização, com treinamentos e cursos que supram tais deficiências nos executivos. Em algumas empresas, essas ações já estão sendo feitas dentro das chamadas universidades corporativas e por intermédio de programas de gestão do conhecimento. Não são, porém, consideradas de maneira satisfatória, mas já sinalizam uma tendência.

Em nossas observações de campo, o que mais salta aos olhos é o fato de as alterações serem mais evidentes nos números do que nas pessoas. Por exemplo, se nos concentrarmos em algumas empresas para fazer uma avaliação nas melhorias desse conhecimento, como sugerimos acima — de se olhar pelo retrovisor —, notaremos que, em períodos de quatro a cinco anos, haverá consideráveis alterações em balanços, em participações, em ganhos ou perdas, mas muito pouco estará alterado nessa postura cultural dos indivíduos que as compõem.

Esse deve ser um programa específico, visando a uma melhoria contínua para libertar as amarras das pessoas e, principalmente, evitar que se frustrem, auxiliando-as na troca de informações e obtendo a interação necessária para a compreensão desses conceitos.

A solução depende apenas de investimentos por parte das empresas. Entretanto, o grande problema das corporações — acrescenta a pesquisa — está na dificuldade de dirigir a cabeça das pessoas para esse novo tipo de desafio.

> **Perguntar não o que a empresa pode fazer por você, e sim o que você pode fazer por ela.**

8.3 Os dez passos a serem seguidos pelo empreendedor de sucesso — o que se lê nas atitudes do mercado

Esse é o resultado de uma pesquisa feita pela Organização das Nações Unidas (ONU) sobre o perfil do empreendedor. O mais intrigante do resultado dessa pesquisa é a simplicidade da apresentação dos fatores que diferenciam dois empresários, sendo que, estabelecidos numa mesma rua, lado a lado, um consegue sobreviver e outro vai à falência.

A pesquisa foi feita em vários países, comparando-se os empresários e suas atitudes. A base desse trabalho serve para um curso ministrado por um organismo do governo chamado Empretec[14]. A lista que a ONU divulga é composta por dez pontos que resumem a cartilha para o sucesso. Vamos ao resultado:

14 No site da ONU com as informações sobre o Programa Integrado de Capacitação para Auxílio a Pequenas e Médias Empresas. Disponível em: <http://www.empretec.net>. Lista das competências disponível em: <http://www.unctadxi.org/templates/Page____7407.aspx> Acessado em: 29 jun. 2011.

1. Saber entender as oportunidades;

2. Ter persistência;

3. Comprometimento;

4. Preocupar-se com a qualidade;

5. Saber calcular riscos;

6. Ter foco e conhecimento da sua capacidade;

7. Buscar as informações corretas e necessárias;

8. Planejar e monitorar sistematicamente;

9. Ser persuasivo e estabelecer uma boa rede de contatos;

10. Estabelecer níveis de independência e autoconfiança.

Novamente, como se pode avaliar, as características comportamentais são determinantes.

Acentuamos que estão pontuadas as respostas de um levantamento temporal feito entre um universo de empresários e executivos.

Não estamos passando a fórmula dos grandes pilotos de empresas transnacionais ou de homens que ganham milhares de dólares. Se fosse assim tão fácil absorver esses ensinamentos, todos teriam seu lado financeiro garantido.

Esses, afinal, são pontos que mais se encontram ou se desejam encontrar em pessoas bem-sucedidas.

São bons para checar em nós mesmos quando estabelecemos metas e buscamos alcançar um determinado objetivo.

Sabe-se, entretanto, que é a maneira como é praticada a intrincada *rede de relacionamentos, de comunicação ou negociações* que faz a sutil e determinante diferença.

Sugerimos na análise das listas acima que, além de compará-las, de verificar quais quesitos da lista do empreendedor se igualam à do executivo, some-as, una-as. Provavelmente, elas podem trazer um benefício extra para dinamizar suas posturas pessoais.

> **O executivo deve estar aberto, disponível e preparado para esforços extras.**

9. ZEN INTEGRADO E GLOBALIZADO

Vamos reparar à nossa volta, prestar mais atenção a tudo: postes, fios, ruas asfaltadas — limpas ou não —, prédios, lâmpadas, roupas, carros, pneus, buzinas, vidros, persianas, jornais, café, leite, pãozinho, sapatos, xampus, sabonetes, perfumes, computadores, televisores, rádios, celulares, alfaces, rabanetes, livros, internet, sistemas, ideias, telegramas, e nem sabemos mais o quê; pense em tudo. Absolutamente tudo! Pois é: alguém vendeu para alguém. O que é doado? Alguém comprou. E o juro? É o preço do empréstimo do dinheiro, no comércio desse serviço. Tudo tem um preço.

Assim, do pequeno comércio a qualquer tipo de negócio internacional, as trocas baseiam-se em vantagens e desvantagens, na garantia do fornecimento ou na manutenção da qualidade. Sendo assim, deve-se fortalecer o comércio, menos o movimento especulativo dos recursos financeiros, pois assim fortaleceremos as trocas com preços mais justos.

Não há como aceitar negócios tão injustos com todas as tecnologias de ponta disponíveis supervalorizadas de um lado e, de outro, o fornecimento de matérias-primas básicas subvalorizadas.

É preciso resgatar a dignidade das pessoas de diversos países por meio de uma troca de valores mais justa para bens ou serviços. Precisamos combater essas desigualdades a partir, por exemplo, do retorno aos negócios artesanais — o que chamamos de comércio com a nossa comunidade de vizinhança. Vai-se da velha troca artesanal aos movimentos de desenvolvimento de nichos mercadológicos regionais bem dirigidos.

> "Se todas as mulheres da América acordassem um dia de manhã sentindo-se bem consigo mesmas, a economia americana sofreria um colapso."
> H. Kushner

Na Itália, esse movimento já vem ganhando força há alguns anos com o chamado "Mercado Quilômetro Zero"[15], um tipo de mercado para onde produtores que se encontram a menos de dez quilômetros da cidade levam seus produtos para comercializar.

É um movimento na mudança de forma de pensar, na troca de hábitos.[16]

9.1 Defendendo-se dos movimentos globalizantes

Se você perdeu o emprego por conta de uma fusão ou aquisição da sua empresa por parte de um grande grupo transnacional, se está fora do mercado por causa da idade, se a sua empresa não tem capital de giro, se você não consegue crédito no banco porque seus planos não batem com os do gerente, se os seus clientes migraram

---

15 Reportagem explica esse movimento na Toscana (Itália), uma ideia que está sendo exportada para outros lugares. "Mercado Quilômetro Zero oferece produtos frescos para consumidores". Disponível em: <http://g1.globo.com/videos/globo-reporter/v/mercado-quilometro-zero-oferece-produtos-frescos-para-consumidores/1387030/> Acessado em: 4 jul. 2011.

16 KUSHNER, H. O quanto é preciso ser bom. Rio de Janeiro: Exodus Editora, 1997. A citação na lateral é do rabino Harold Kushner, referindo-se às industrias dedicadas à moda, cosméticos, livros sobre dietas, clínicas de emagrecimento e outras.

para o seu vizinho concorrente, que anda baixando o preço, então ou você está estocado demais ou se trata de outro probleminha conjuntural: não há solução global.

Suas atitudes, as ações e a solução têm de ser locais. Portanto, desenvolva o que for possível e conveniente. Não desanime nem desista; escolha novas alternativas, busque mudanças de padrões e ajuste de contas, pois, na maioria dos casos, é uma questão de sobrevivência.

Com certeza, essa não é uma recomendação técnica, é uma dica universal: faça o que estiver eticamente ao seu alcance ou, se preferir, *in global English language: do your best*[17]. Apenas faça o seu melhor.

17 Na língua inglesa globalizada significa: "faça o seu melhor"

Grandes empresas definem o que antes os governos decidiam.

9.2 Segredos e características para se agir

As empresas brasileiras tradicionalmente sonegam informações gerenciais e, dessa maneira, fica difícil conhecer detalhes que poderiam servir de base para ensinar sobre o jeito brasileiro de liderar ou fazer negócios. Apesar disso, por observações e dados que são garimpados, é possível construir cenários de modelos brasileiros de *management* (gerenciamento) — o jeito de dirigir com a mão do dono, das famílias ou dos grupos de gestão que levam as características do povo brasileiro.

No livro de Agrícola Bethlem, *Gestão de negócios*[18], lê-se que "o ensino da administração, salvo algumas exceções, baseia-se em informações de como um dirigente americano dirigia, nos EUA, há dois anos ou mais, sua empresa americana, composta por funcionários americanos e vendendo para consumidores americanos".

18 BETHLEM, A. S. Gestão de negócios: uma abordagem brasileira. Rio de Janeiro: Campus, 1999.

O livro, que é um interessante ensaio sobre práticas gerenciais, trata das "diferenças de gestão entre empresas brasileiras e americanas, baseado em variáveis culturais com que podemos determinar a própria maneira de administrar essas empresas". Acrescenta-se que, para entender o lado humano da gerência, é preciso estudar os diversos aspectos do ambiente em que se vai agir:

O social
como funcionam nesse ambiente as coletividades, núcleos, famílias;

O educacional
como é a educação formal e informal; qual a disponibilidade de educação;

O político
como se distribui o poder, como é o governo (sua ação, seu poder, quem participa);

O cultural
qual a maneira coletiva de pensar.

Na prática, aprendemos que outras características devem ser levadas em consideração, não só de pessoas, mas da região, da temperatura atmosférica, do ambiente geográfico e, principalmente, dos valores culturais, sociais e de tradições.

9.3 Estilo importado ou adaptações

A palavra *management*, termo em inglês que quer dizer, segundo o dicionário *Webster's*, manejo, manuseio, governo, gerência, capacidade administrativa, habilidade e esperteza, tem uma origem um tanto incerta. Para alguns, a origem provável seria do latim e significaria *manus*, isto é, "mão".

Daí a prática administrativa ser uma atividade, sob determinados aspectos, muito individual, pessoal e com um estilo próprio de cada dirigente. Segundo as teorias, os americanos ensinam administração utilizando o *best practice*, ou seja, a melhor prática. Baseiam-se em estudos práticos de situações que se adaptam à realidade de cada momento. Portanto, a melhor prática de administração utilizada atualmente pode não ter sido a mais bem-sucedida em 2001.

Sugerimos que a tentativa de importar uma teoria ou "a leitura de livros e consequentemente a tentativa de se aplicar algum método", vindo de qualquer país, requer uma criteriosa avaliação e, muitas vezes, profundas adaptações. Ressaltamos que a utilização dessas práticas exige um acompanhamento constante de seus resultados.

9.4 Flexibilidade — seu jeito de administrar

O jeito brasileiro consegue ultrapassar esses ensinamentos que têm uma identidade própria, com características definidas.

Em uma conversa cordial que tivemos com um executivo alemão de quase 80 anos, desses que vieram para dirigir empresas estrangeiras, como eram conhecidas nos anos 1960, essa nossa qualidade foi bem definida. Esse executivo é daqueles que se apaixonaram pelo país e jamais saíram daqui, adotaram-no como sua segunda pátria.

Contou-nos uma história que dizia que, quando se reuniam dez engenheiros americanos e dez engenheiros brasileiros, esses últimos perdiam em eficiência porque os primeiros eram mais especialistas e determinados em suas tarefas. Entretanto, concluiu, com um sorriso entre os dentes, que se fosse para dar uma solução que exigisse ir "um pouco além do esperado" entre os dez engenheiros americanos e um brasileiro, o brasileiro ganharia por sua visão ampla, generalista e a forma humanista de ser. "Ele é mais flexível, mais abrangente e criativo", dizia.

Olhando a história da administração de empresas, sabemos que suas origens estão na Europa e nos Estados Unidos. Somos seguidores de uma cartilha de métodos vindos basicamente da escola da vida americana. Alguém leu algum livro de administração de empresas russo ou alemão, ultimamente? Eles existem, mas não é comum, em nossa cultura americanizada, aceitar tais conselhos.

Para nos situarmos, foram as escolas de administração trazidas no bojo do pós-Guerra que introduziram conceitos de especialidades e metas sem fim. Foram essas que acabaram levando a frieza para o ambiente empresarial.

A flexibilidade gerencial centrada em olhar as pessoas como pessoas e não como objetos é natural aos brasileiros. De maneira geral, aos latinos. Agora, nós nos surpreendemos lendo as escolas americanas que tentam trazer essas lições de gestão humana e convívio com valor. São as mudanças de tempos ou estratégias mercadológicas? Não importa.

Entretanto, essa é uma postura que já faz parte da nossa índole: o brasileiro conversa, abraça, toca, convida para ir à sua casa, fala de intimidades logo no primeiro encontro, enfim, tem a capacidade de se adaptar às condições adversas.

Por aqui, estamos mais perto de liderar as pessoas pensando com o coração e agindo com a mente. Temos sempre que absorver as boas técnicas sem perder o bom humor.

> Vejamos:
> Estar no lugar certo, na hora certa e com as pessoas certas pode ser um acontecimento que parte de uma atitude anterior intuída, premonitória, ou simplesmente a conspiração do fator caótico da sorte. Daí a pergunta: será que estou aqui porque quis ou porque fui levado a essas circunstâncias?

10. FORMANDO E DESENVOLVENDO GRUPOS

10.1 Pensar com o coração

A filosofia budista tem nos fornecido elementos para praticar o melhor na arte de administrar vidas, numa suave indicação para se meditar nos momentos reavaliando-os, revisando-os, reprogramando-os, sem que isso seja uma tarefa árdua, como uma alegre rotina de contemplação.

É um constante exercício perceber e entender como as ideias podem criar, influenciar ou atrapalhar negócios. Os casos estão aí, todos os dias, para contar por si só. São os históricos e números das empresas, pelas experiências acumuladas ou aprendidas das notícias. Assim, de que mais se fala nesse momento? Fala-se em intuir para gerir.

> **Estabeleça as pontes corretas entre a intuição (antessala da premonição) e a realização (antessala do sucesso).**
> Essa é outra chave.

10.2 Faça a sua iniciação

Você é um universo. Você é único. Essa descoberta nunca se torna revelada, pois é um processo de autoconhecimento. É uma longa estrada cujo fim é um constante exercício de se perceber, sentir e agir. Em síntese, o autoconhecimento é uma infinita e incansável montagem de um quebra-cabeça de dados, sons, vozes e imagens. Temos que acessar as fontes sobre como e onde buscá-los, internalizá-los, compreendê-los e aplicá-los.

Viver, afinal, é como afinar o instrumento corpo-mente-espírito constantemente, para onde as informações e os dados vêm, de fora para dentro, e vão, de dentro para fora, a todo instante e a todo o momento.

Por isso, não podemos confiar em alguém que nos faça andar sobre brasas, hipnotizados pelo efeito de uma emoção apenas, num final de semana, quando depois descobrimos que a física é capaz de nos explicar por que não queimamos os pés.

Metaforicamente, acreditamos que temos a capacidade de andar sobre brasas no dia a dia sem nunca termos experimentado. Isto é, acreditamos estar preparados para perceber as diferenças nas propostas que nos são oferecidas e avaliar as aparências e os verdadeiros valores escondidos.

Se você estiver entendendo conscientemente, está iniciado.

10.3 Agir com a mente de um líder

Líder é um indivíduo que tem condições de envolver pessoas em torno de uma meta comum; pode ser de diversos tipos de personalidade, bem preparado, informado, inteligente. Em poucas palavras, é um indivíduo mais completo, alguém que convive com um número maior de situações generalizadas nas quais as palavras de ordem são "perceber e se relacionar".

Numa forma de tentar exemplificar atos concretos sobre liderança, para um melhor entendimento, citaremos exemplos de atitudes de líderes:

Atitudes de:
- ✓ obstinação;
- ✓ determinação;
- ✓ perseverança;
- ✓ tenacidade;
- ✓ dedicação;
- ✓ zelo;
- ✓ sensibilidade;
- ✓ autocontrole;
- ✓ fixação de objetivos;
- ✓ entender êxitos e fracassos;
- ✓ saber corrigir erros;
- ✓ controlar a ira;
- ✓ saber reconhecer e recompensar;
- ✓ saber escolher opções e as opiniões.

Esse líder sabe que, no mundo da informação digital, por mais atualizado que um indivíduo esteja, sempre faltarão alguns dados e outros passarão despercebidos. Afinal, por mais que consigamos aglutinar ou conhecer as opiniões de nossos colaboradores, jamais satisfaremos as necessidades de suas mentes. Esse líder saberá que somente mais interação atenderá às vontades daqueles que o cercam.

- ✓ É um indivíduo em completa consciência de que é preciso mudar sempre.

10.4 Preparando-se como um líder presente

A nova organização e o líder, executivo ou empreendedor, de que viemos falando desde o início do livro, devem se desenvolver a partir de um esquema:

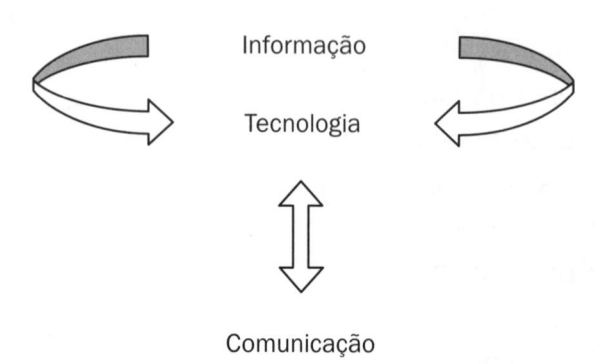

Informação
⟳ Tecnologia ⟲
⇅
Comunicação

Informação que integra e articula o sistema pessoal ou empresarial numa rede envolta pela transformação constante da **tecnologia**; que completa em tons dramáticos os desafios da **comunicação**.

O papel desse líder será reencontrar os caminhos para essa realização com harmonia e tentar promover as condições para uma justa retribuição às pessoas envolvidas.

10.5 A decisão em suas mãos

Quem decide sabe como é um momento de solidão. Você pode até colher as opiniões de sua equipe, mas a palavra final será sua. Na hora do "sim" ou do "não", a sua declaração é que será seguida. Se as decisões estiverem em harmonia com a sua autoimagem, isto é, com sua autoestima, autoaceitação e autoconfiança, serão mais conscientes, e provavelmente provocarão menos conflitos.

Você considera mais fácil tomar decisões sobre coisas em que pode voltar atrás do que quando não pode?

Você provavelmente estará seguindo o que aprendeu, fazendo o seu trabalho diário e se sentindo feliz com os resultados. Apenas mais um dia de harmonia interior manifestada no exterior. Tudo muito bom. Entretanto, algumas vezes, decidimos que queremos comprar um carro ou um imóvel, mas alguém chega à nossa frente e toma a decisão. Há situações em que, apesar de decidirmos pelo "sim", um fator ou circunstância externa se manifesta e a resposta passa a ser um "não". É o imponderável.

Portanto, há um colaborador invisível, na hora das decisões, criando as boas chances ou as suas chances, dando forma a tudo o que lhe acontece, como um colaborador que o aproxima ou afasta de alguns caminhos.

> **Apesar de alguns não a aderirem, esta é uma frase que repetimos sem medo de errar: que a sorte esteja com você!**
> É uma chave invisível.

10.6 A busca desse profissional no mercado

Se você pensar em ter funcionários bem qualificados, deverá saber como tratá-los, como se relacionar e conviver com eles. Encontrar pessoas com essas qualidades e posturas que já enunciamos — coragem, garra, segurança, firmeza, perseverança, agilidade de raciocínio, autoconfiança e capacidade para realizar e assumir riscos — é um privilégio para muitas empresas.

O executivo desejado pelas empresas é aquele que já possui boa parte dessas qualidades e habilidades. Seja por sua própria natureza, personalidade ou pela educação que recebeu. Na há dúvida de que esse profissional levará vantagem sobre quem não as tem ou precisa se modelar.

Para entender melhor esse jeito de ter uma visão flexível e global de tudo que nos cerca, há uma história sobre um professor de cegos, no Oriente, que pediu aos seus alunos que descrevessem um elefante tateando-o. Um aluno disse que era uma chapa de madeira; outro disse que era uma serpente; outro, que era um tapete, pois havia muitos pelos. Ninguém conseguiu descrevê-lo por inteiro.

> **Intuir é ver com os olhos do espírito e da paixão.**

Temos uma enorme dificuldade em descrever o todo porque cada um tem uma visão muito parcial da realidade. Entretanto, se despertarmos nossa curiosidade e predisposição, podemos encontrar os outros lados do elefante-problema.

O que é necessário, então? Irmos atrás de pessoas que se inspirem ou convirjam nessa mesma mentalidade ou que tenham as mesmas características práticas.

10.7 Fazer nossos colaboradores entrarem nesse espírito

Esse é um assunto de enfoque educacional e cultural. Como temos demonstrado, a atitude Zen não é contraditória ao bem-estar social de todos e em nada se opõe ao desenvolvimento.

É preciso que se identifiquem interesses comuns, positivos, sinceros e verdadeiros da cultura organizacional. Forma-se um sistema de *"networking* vibracional" (informação em rede) para instruir o tema. Um programa com prazos é estabelecido e difundido aos participantes por meio do que chamamos de uma rede de qualidade de vida.

Essa é a democratização do saber, que vem tornando as empresas mais humanas; empresas revolucionárias que estão se equipando com pessoas mais comprometidas, bem informadas e felizes por trabalharem juntas.

"Zen abre os olhos do homem para o maior mistério que é realizado a cada dia e hora."
D.T. Suzuki

10.8 Derrubando lideranças agressivas

Nem sempre é hábil, recomendável ou fácil comandar com a chamada mão de ferro — ser um líder autoritário. Sabemos, com base nas observações, que qualquer pessoa que se imponha dessa forma pode conseguir que *algumas pessoas* se identifiquem com seu estilo de liderança durante algum tempo. O maior desafio é fazer com que *a maioria das pessoas* trabalhe com dedicação e respeito à empresa por muito mais tempo.

Para se chegar a esse modelo, é preciso buscar condições de abertura e aproximação nos relacionamentos com base no desenvolvimento da confiança mútua, por intermédio da democratização e participação das informações em todos os níveis. Somente com diálogo, compartilhando, convivendo e superando os conflitos que existirão, é possível obter esse resultado.

10.9 As pessoas difíceis de participar ou dialogar

Há determinados tipos de indivíduos que são mais resistentes, que terão dificuldades de aceitação ou adaptação com qualquer treinamento. Mas temos comprovado, nas vivências em consultoria, que muito da administração desastrosa está no silêncio do líder — que fica congelado com os aspectos das mudanças e se *esquece* de informar, de comunicar, para superar as crises.

Portanto, na empresa, negocie e converse com seus liderados constantemente. Insista e diga-lhes o que está pensando. Ouça o que eles têm para lhe contar. Os resultados podem ser surpreendentes. Se você já tem conseguido de outras formas, parabéns!

Ser Zen não nos confere uma imagem de passivos ou enfraquecidos.

> **Só se deve ser "suave com as pessoas e duro com os problemas."**[19]

[19] FICHER, R.; URY, W. Como chegar ao sim: a negociação de acordos sem concessões. Trad.: Dra. Vera Ribeiro. Rio de Janeiro: Imago, 1985 (série Logoteca).

10.10 A mulher que vai à luta e a guerra dos egos

A disputa entre homens e mulheres sempre foi acentuada pela ideia de fragilidade de um dos lados — o da mulher, no caso. Não concordamos. Não conseguimos imaginar que, como predadores pré-históricos e carnívoros, não desempenhássemos papéis parecidos.

A figura de mulheres frágeis e dependentes, defendendo seus filhos e esperando por seus maridos, é uma convenção social. Vamos reavaliar a evolução dos sexos ao longo de alguns milhares de anos. Todos estavam num mesmo patamar de sobrevivência: alimentar os filhos e protegê-los de animais ferozes.

Se pensarmos dessa maneira, não houve evolução, e sim uma involução, se é que se pode dizê-lo, da mulher pré-histórica para a mulher medieval, renascentista, iluminista, semiescravizada na Revolução Industrial. Só após a Segunda Guerra, no Ocidente, ela desperta e evolui para uma retomada de seu lugar, não necessariamente com o papel masculino, mas no papel de líder também, distinguindo rosas, engrenagens e estatísticas.

Homens e mulheres (executivas ou empreendedoras) devem falar mais entre si sobre convivência e criação coletiva em uma retomada de suas raízes pré-históricas de equipe e de sobrevivência para novas conquistas.

Não é da fragilidade que queremos falar, mas da intuição e do estilo de liderança. A mulher está mais autoconfiante. É eficiente, gosta de dirigir sua própria vida, que geralmente é agitada, e, não raro, sabe muito bem o que quer.

Com frequência, temos ouvido das próprias mulheres, sem espanto: "estamos exagerando". Entendemos que a postura masculina está mais aflorada nas mulheres executivas. O autoritarismo, a forma áspera de gerir, que é uma atitude dominante nos homens, está fazendo parte do repertório feminino.

Condenamos as atitudes ásperas de ambos os sexos na gestão de negócios. Temos que agir com firmeza com os problemas e suavemente com as pessoas. É preciso calibrar as atitudes da personalidade.

A figura do Tao, demonstrada por duas gotas compondo um círculo, que em chinês quer dizer "caminho", indica que o equilíbrio e a estabilidade das emoções e decisões devem ser sempre perseguidos.[20]

Dessa filosofia, entende-se que a mulher tem o seu lado masculino e o homem tem o seu lado feminino. A questão agora parece mais simples e, ao mesmo tempo, incrivelmente difícil de entender: como conseguir equilibrar esses lados sem exageros?

20 Taoísmo é um ensinamento filosófico-religioso desenvolvido por Lao-Tsé no século VI a.C.: o grande princípio da ordem universal está na harmonização do Yin (lado feminino) e do Yang (lado masculino). Todos os seres humanos têm esses componentes dentro de si. Mais informações em: <http://pt.wikipedia.org/wiki/Taoismo> Acessado em: 4 jul. 2011.

Informação — tecnologia — comunicação.
Integre-se: pense com o coração e aja com a mente.

É o que perseguimos em todos os tipos de relacionamentos. Somos atraídos por esses opostos que existem nos outros e, por vezes, não sabemos o que nos fascina no outro. Mas não vamos nos estender na questão dos relacionamentos afetivos.

O componente interno — seja mais *yin* ou mais *yang* —, que domina ou não quando nos manifestamos nas decisões, oferece exatamente esse tom comportamental. Isso significa, de maneira ampla, que, no caso do homem, ele deve desenvolver mais o lado intuitivo, e a mulher não deve perdê-lo.

O que originalmente é uma faculdade latente na mulher está se alterando com sua postura árida de executiva, com medo de perder o que conquistou. A nossa surpresa, numa palestra, quando perguntamos às mulheres presentes como estavam suas visões intuitivas, foi a resposta delas: *"Não estão lá essas coisas"* ou *"Não têm tido sinais reveladores há tempos"*.

Características como a racionalidade e o calculismo, estratégia ou frieza na tomada de decisões — originalmente faculdades latentes nos homens —, estão se tornando dominantes nas mulheres. Algumas estão felizes com essa nova postura, outras preocupadas por estarem perdendo o seu lado mais suave. E devemos saber que isso em nada diminui ou altera a nossa autoridade, que deve ser baseada em confiança e respeito.

Ambos têm um papel fundamental de equilíbrio de pensamento e ação nesse novo mundo do trabalho.

> **Ser um gerente de cara feia, sisudo, fechado com os empregados não significa ter mais competência.**

PARTE IV
SERVIR NO CONTEXTO

11. ÉTICA NOS NEGÓCIOS, CONSUMO E UTILIZAÇÃO

A ética, conjunto de regras de convívio e moral que uma sociedade adota, passou a ser parte integrante da linguagem empresarial e do dia a dia das pessoas.

Ética, como ciência, refere-se ao estudo da conduta moral de uma pessoa e das características de acordo com as quais age. Na ética dos orientais, o coletivo é valorizado em primeiro lugar, depois vem o indivíduo. Assim, pode-se entender como ética o conjunto de valores e hábitos no âmbito do comportamento e da cultura que são característicos de uma determinada sociedade, de uma determinada região em uma determinada época.

"Pensar é, em si mesmo, um fenômeno de natureza ética. Se não quisermos pensar, não fixamos ideias. Mas nós queremos pensar. Por isso vamos adiante", comenta G. Korte[21]. Para as empresas, entende-se como a transparência nas relações e o impacto de suas atividades na sociedade[22]. As associações, os institutos, as fundações e as empresas já produziram manuais de ética e os têm fartamente divulgado na imprensa.

A prática da ética não é obtida pela vontade da alta administração, por essas vontades de cima para baixo, que uns chamam de "decreto". Segundo Manhães Moreira[23], a ética empresarial "só pode ser

21 KORTE, G. Iniciação à ética. São Paulo: Juarez de Oliveira, 1999.

22 COHEN, D. Os dilemas da ética. In: Exame, São Paulo, 14 maio 2003. p. 35.

23 MOREIRA, J. M. A ética empresarial no Brasil. São Paulo: Pioneira, 1999.

alcançada através da implantação de um programa que englobe desde a eleição de princípios de valores e a adoção de um código interno até a luta contra os concorrentes desleais". E complementa que "só a prática da ética pode levar as empresas a obter credibilidade, afastar os riscos de se verem envolvidas em escândalos capazes de macular suas reputações ou de se sujeitarem a condenações judiciais".

Ética é a arte de ser bom e de realizar o bem.

Consideramos que não devemos censurar iniciativas empreendedoras; é ético, porém, mostrar e assumir total responsabilidade pelos efeitos negativos que elas possam provocar, e não camuflar ou esconder fatos comprometedores ou prejudiciais a todos indistintamente: governos, população ou acionistas.

Notamos que isso não quer dizer que "ética não combine com os negócios, quer dizer que ela impõe restrições"[24]. Ou seja, devemos adotar uma postura de mais responsabilidade nos negócios.

24 COHEN, D. Os dilemas da ética. *In:* Exame, São Paulo, 14 maio 2003. p.38.

11.1 Ética no consumo

De um lado, empresas preocupadas em ser ou parecer transparentes com seus investimentos, e, de outro, indivíduos almejando estabilidade com a manutenção de uma vida cada vez mais feliz, centrados em altos padrões de consumo. É isso que a propaganda estimula diariamente. Desponta um ponto polêmico: a vontade desmedida pelo consumo e o atendimento de todos esses desejos.

O efeito oculto, agressivo e prejudicial disso é a deterioração ambiental e a escassez de recursos naturais para que se consiga manter esses níveis de consumo. A possível falta de água em determinadas regiões, o efeito estufa e a poluição por gases emitidos pelos automóveis são alguns dos problemas decorrentes da corrida pelos prazeres do consumo.

As pessoas estão consumindo produtos supérfluos de forma desmedida, transformando-se em maníacas dos *shoppings* ou compradoras compulsivas[25]. A proposta de uma ética menos consumista é por uma vida mais saudável, menos focada na intensidade do consumo.

Não podemos deixar de levantar situações preocupantes que poderiam ocorrer se determinados segmentos da economia deixassem de existir. Sim, esse é um dos lados perversos dessa sociedade de consumo instalada — poderia provocar desabastecimento ou prejudicar a remuneração das pessoas.

Como alguns setores da economia mundial estão muito interligados, precisam manter seu giro. Há a necessidade de se consumir, senão pode ocorrer um colapso em determinados segmentos da economia. Se alguns mercados ficarem paralisados, os cidadãos de alguns países poderão pagar mais caro por determinados bens ou serviços. Quanto será que somos dependentes em cada setor da economia? Essa é, talvez, a maior catástrofe do capitalismo, a nossa total interdependência econômica.

---

25 *Assim como os neuróticos anônimos, alcoólatras anônimos ou os que têm comportamento compulsivo pelo sexo, há tratamento psicológico aos compradores compulsivos. Artigo sobre isso disponível em: <http://www.usp.br/espacoaberto/arquivo/2001/espaco07abr/editorias/comportamento.htm> Acessado em: 29 jun. 2011. Quando gastar se torna uma obsessão, há vários trabalhos na internet sob as palavras: comprador compulsivo.*

Vejamos:

Um exemplo dessa interdependência na estruturada indústria automobilística: quando indivíduos, por qualquer problema de crédito ou perda de poder aquisitivo, deixam de consumir carros "zero". Além de os carros ficarem parados nos pátios das montadoras, à espera de um aquecimento no consumo, outras atitudes precisam ser tomadas, como dar férias coletivas aos funcionários, negociar preços e salários, retardar pedidos de fornecedores; consequentemente, interfere-se em toda a cadeia de produção. Consomem-se menos combustível, pneus, plásticos, componentes, peças, baterias e acessórios em geral. Às vezes, uma parada quinzenal numa grande indústria chega a quebrar pequenas ou médias empresas que lhe servem no processo.

Nesse rastro, com a mais recente crise mundial, em 2008, os Estados Unidos diminuíram as importações. Deixaram de consumir alguns produtos e, imediatamente, os efeitos foram sentidos em outros países, com consequentes demissões nas empresas que compunham seus elos para a exportação.

Pode parecer distante da realidade essa sugestão de consumir moderadamente em função do nível de consumo abaixo do satisfatório em determinadas classes sociais, mas não é impossível. O que deve ser revisto é o sistema de trocas e retribuição, que deve ser mais ágil e justo entre as pessoas, com a valorização do comércio tradicional. Esse não é um problema de fácil solução, mas pode ser perseguido com a conscientização dos envolvidos de forma regionalizada, já que afetaria menos a interligada economia global.

Por que não tentarmos, sem cair em depressão, caminhar em outras direções, além do prazer do consumo, como uma mudança no estilo e ritmo de vida?

> **Quem sabe possamos encontrar um meio-termo para uma vida feliz, saudável e alegre com outros valores.**
> **É o chamado consumo consciente.**
> Essa é outra chave.

11.2 Ética na utilização

Nesse consumo desenfreado, convivemos com todo tipo de lixo: do lixo exterior das embalagens e detritos, ao interior, dos relacionamentos mal resolvidos; do lixo da informação até o lixo espacial. Em compensação, o lixo material virou a indústria da reciclagem, que rende milhões.

Pelas novas atitudes de utilização, temos que começar na limpeza de tudo: além de não atirar lixo pela janela de carros, não deixá-lo nas calçadas, pois pode entupir galerias e alagar cidades — assim como a nossa vida diária, que se entope com aquilo que não conseguimos digerir ou que acumulamos sem necessidade.

Como sair desse círculo do lixo? Começando a limpar a mente, que ficou poluída com tanta coisa se posicionando em nosso cérebro como se estivesse ocupando um espaço.

A utilização e o consumo consciente de água é uma ação ética.

Desfaça-se do que não for usar: limpe as gavetas, os armários e doe roupas, objetos. E mais: jogue fora o que estiver ocupando algum espaço físico ou mental. Lembre-se dos pequenos, porém constantes, atos de mudanças. O seu lado emocional agradece.

Essa atitude faz parte daquilo que chamamos de "cadeia positiva", que agrega valores a todo instante. Ela contribuirá com alguma surpresa no campo de nossas realizações pessoais. O foco está em trabalhar com todo tipo de lixo que produzimos.

> **Sobre esse ponto, há um número cada vez maior de pessoas pensando em preservação, conservação e recuperação simultaneamente. É a atitude de como lidar com a inutilidade e com o desperdício.**
> Essa é outra chave Zen.

12. CONTEXTUALIZAR E CONVERGIR – VIVER UM PADRÃO PRÓPRIO

O que é contextualizar? É praticar — desencadear as ideias do que foi planejado — no cotidiano: convivendo, interagindo e administrando os conflitos que podem existir com a dinâmica das situações. Trata-se, portanto, de experimentar os resultados.

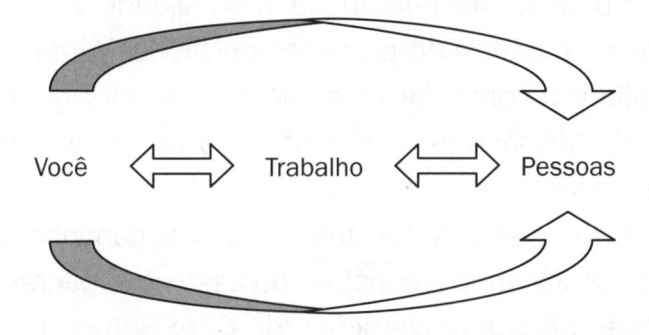

Você ⇔ Trabalho ⇔ Pessoas

A contextualização é *uma chave* que nos leva a compreender os papéis que representamos na prática. E convergir nada mais é do que todos os envolvidos buscarem um ponto comum. Isso é fazer com que todos sigam essa mesma tendência humanista em prol de uma meta: a ética construtiva ao bem comum.

Com os elementos — informações e exercícios — desenvolvidos neste livro, podemos perceber e escolher quem terá a tendência de se alinhar com esse estilo de pensar e agir. Avalie e perceba a diferença dos mais adequados colaboradores, que se engajam em seus planos ou projetos.

Perceber a parte que nos cabe dentro de uma empresa e no segmento em que ela está inserida nos trará mais satisfação ao exercer qualquer atividade.

É como se fizéssemos uma automotivação sempre que necessário.

12.1 Testar e calibrar o filtro da percepção intuitiva

No desenvolvimento da mentalidade Zen, é o coração o centro do processo decisório. Vamos nos familiarizar com a forma como esse importante centro de decisões se manifesta não teorizando, mas praticando.

Há evidências de que esse é o caminho que está modificando e construindo esse novo padrão de pensar. São as declarações de Gary Hamel de que "nesta nova era da revolução cultural global, não é o conhecimento que produzirá novas riquezas, mas o *insight*[26]. A intuição é a porta de entrada para todas as soluções. É o vislumbre de possibilidades para as inovações descontínuas. Assim a descoberta é a jornada, e o *insight* é o destino"[27].

Para análise, observemos de maneira Zen: as técnicas que você aprendeu de nada lhe servem se você não está aberto a entendê-las em seu contexto de maneira intuitiva.

A prática intuitiva, sincera e de coração constrói para sempre.

---

[26] Tradução de *insight*: compreensão clara da natureza íntima de uma coisa; intuição; discernimento; critério.

[27] HAMEL, G. Liderando a revolução. Rio de Janeiro: Campus, 2000.

Será muito útil entrar nesse "espírito de sensibilidade" que estamos montando desde o início para capacitar seu filtro interno.

Vamos trabalhar com as informações que temos do nosso cotidiano e de como queremos solucioná-las. Aliás, considere que o recurso mais acessível e barato, e paradoxalmente mais caro, disponível para as empresas é a informação.

12.2 Experimentar antes de pôr em prática

Vamos propor mais um exercício para obter benefícios na aplicação dessa técnica. Pegue uma folha de papel, divida-a com dois traços verticais. Na parte superior esquerda, escreva: "O que quero mudar?" No meio: "O que preciso fazer para mudar?" Responda a cada um dos pontos. E, à direita, escreva o tempo de que precisa para alcançar essas metas factíveis.

Como todo exercício, é preciso praticar, ainda mais quando envolve razão e emoção. De nada adiantará meditar e escrever se não checar. Estipule prazos para reler ou reescrever suas anotações. Faça tantas avaliações quanto achar conveniente. Só com assiduidade você poderá calibrar a sensibilidade interna.

Quando voltar a ler, pergunte-se: o que já fiz para mudar? Você sabe que há coisas que só dependem de você. Essa será a sua história de objetivos, metas, resultados ou tentativas de acertos e erros.

12.3 Compartilhar experiências para diminuir diferenças

Nem só os chamados bons líderes realizam atos positivos ou dirigem grupos para realizar o impossível. Qualquer pessoa que compartilhe suas experiências estará auxiliando a liderar.

A liderança se caracteriza, principalmente, pela humanização nas relações e pela interpretação mais aguçada do que motiva os liderados. Mais ainda, caracteriza-se por despertar a criatividade em cada liderado para que execute melhor suas potencialidades e habilidades.

Portanto, estenda as suas experiências vividas com o filtro de percepção intuitiva para liderar. Temos demonstrado que o diálogo e a tolerância podem ajudar a compreender e a influenciar as pessoas nos processos, aguçar seus valores, estimular sua ética, ajudar a criar uma nova postura psicológica e comportamental, rever aspirações sociais. Assim:

> Saiba escutar o coração e a intuição. E realize. Quem souber trabalhar esses elementos internos estará com os pés bem plantados no chão e a cabeça no alto astral ligada no cotidiano.

Bons líderes devem fazer seus liderados refletirem e agirem por si. É útil salientarmos que nem tudo precisa ser explicado; falta um impulso para que as pessoas associem mais as suas vontades e façam suas conexões na prática.

Há muitas histórias sobre líderes, mas esta é uma de nossas favoritas: a do primeiro-ministro britânico, Winston Churchill, na época da Segunda Guerra Mundial, quando se revelou um dos maiores líderes mundiais. Consta num livro sobre liderança[28] "que ele teria sido convidado para pronunciar um discurso numa escola, em comemoração ao aniversário daquela instituição".

Aceitou o convite e houve muita expectativa entre os presentes para ouvir suas opiniões sobre liderança. No dia marcado, um grande público o aguardava para saber os segredos de um bom líder. Levantou-se de sua poltrona e caminhou lentamente até o palco. Buscou seus pequenos óculos retangulares no bolso e os colocou. Tirou do paletó uma pequena folha de papel, colocou-a em sua frente, olhou fixa e atentamente para a plateia por cima dos óculos. Reinava um silêncio absoluto. Então, disse: "Nunca, nunca, nunca, nunca se dê por vencido".

Depois de ter falado essas palavras, com voz forte, voltou tranquilamente à sua poltrona. A mensagem calou fundo a plateia. Aí começaram a ovacioná-lo em pé. Em poucas palavras, Churchill resumiu o segredo de um líder:

[28] CHIBBER, M. L. Liderazgo: *Libro para jóvenes, padres, maestros.* Trad.: Herta Pfeiter. Buenos Aires: Errepar, 1997. p. 80-81.

> "Mais do que pessoas, devo saber liderar pensamentos.
> Ligue-se neste paradigma:
> a liderança não é mais a mesma."

12.4 Aos líderes que se alinham a esse pensamento

Esperamos que o binômio *perceber* e *se relacionar* faça mais sentido após essas abordagens.

Torne-se um líder especialista em generalidades — para os anos do resto desse terceiro milênio — e saiba integrar os diversos níveis de informação disponíveis. Inove constantemente e aja comunicando-se com todos os envolvidos no processo.

Não aja dominando seus liderados, mas em sintonia com suas necessidades, aspirações, desejos e vontades, dentro de um quadro de cooperação e responsabilidade.

Esse recado é um alerta. Precisamos voltar a conversar.

12.5 Plantando a semente

No caso das empresas, deve partir do dono, presidente ou diretores a atitude para que esse modo de pensar seja seguido pelos gerentes, supervisores, coordenadores, técnicos, auxiliares ou pelo pessoal das outras funções. Podemos ter isso ocorrendo pelo caminho inverso também, desde que possa ser *realmente* aceito e compartilhado por todos.

Em programas de educação nas empresas, há outro dado que tem se mostrado evidente: não basta educar ou treinar, é preciso praticar os conhecimentos adquiridos. Bons programas de treinamento perdem sua utilidade se não são testados ou revisados.

12.6 Quando praticar essas atitudes

Muitas pessoas já agem dessa maneira, já se percebem como agentes modificadores, e algumas empresas estão alinhadas a essas atitudes.

Entretanto, sabemos que as pessoas respondem de formas diferentes a estímulos de comunicação ou estão em estágios motivacionais distintos. Assim sendo, a recepção de informações pela nossa mente é mais bem absorvida quanto mais clara e objetivamente for dirigida aos nossos canais de comunicação. Por outro lado, sabemos que há choques ou conflitos, gerados a partir dos ruídos provocados pela má comunicação, que precisam ser resolvidos plenamente. Dessa forma, esse trabalho de ensinamentos de gestão é constante.

A percepção intuitiva de quando é conveniente aplicar um ou mais exercícios a um grupo ou toda a organização é de quem decide, sendo captada por meio do seu filtro de sensibilidade.

12.7 Resultados nas empresas

Nossas constatações em campo permitem avaliar que as empresas, em seus conjuntos coletivos, sofrem como um indivíduo, com todas as suas particularidades. Têm os seus ânimos ou humores alterados como um indivíduo-coletivo. Portanto, cada empresa tem um resultado único.

As experiências que se passam nelas, como são únicas, podem ser estudadas, mas não comparadas.

Não podem ter seus resultados aplicativos garantidos às outras, pois o conteúdo de um programa numa empresa provocará resultados diferentes em outra.

Nosso método de abordagem trata a empresa na base da terapia; uma terapia administrativa na qual contemplamos não somente os balanços, os planos de mercado e as condições materiais da empresa, mas todo o seu conjunto de processos decisórios. Vimos que, por trás de cada ser que forma o conjunto da organização, há uma ligação com a missão, a vocação e as aspirações.

Consequentemente, as empresas mais sintonizadas nesse espírito demonstram um clima organizacional mais coeso, construtivo e saudável.

12.8 Mexendo com as estruturas

Ao tratar desse tema, lembramos de perguntas básicas: o que quero para minha vida pessoal e profissional? O que quero para a minha empresa? Se, desde o início, estamos tratando de mudanças de atitudes, o que esperar?

É importante observar que, quando nos dispomos a trabalhar velhos conceitos, antigos padrões, com novas e arrojadas técnicas, alguns alicerces precisam ser reforçados antes que as estruturas sejam postas à prova. O modelo de uma nova mentalidade com certeza produzirá reflexões ou mediações positivas. Provavelmente, surgirão grupos internos mais definidos ou unificados e, quem sabe, felizes.

Quando o desequilíbrio não é do mercado nem dos concorrentes, mas dos indivíduos que integram a organização, o que fazer? Provavelmente, essa resposta está bem escondida nas velhas estruturas e, somente com muita paciência e conversa, poderá ser revelada.
Essa é outra chave.

13. ERA DE VOLUNTÁRIOS

Nos últimos anos, temos vivido um período de consciência cidadã com a concretização de programas sociais, comunitários ou de voluntariado. Esse se tornou um importante segmento da economia, que chega a movimentar centenas de milhões de reais por ano.

Interessa-nos comentar sobre as pessoas que assumem uma quantidade de compromissos, emprestam nome, prestígio, engrossam as fileiras ou se identificam em uma proposta filantrópica. As atitudes de voluntariado exigem muito esforço, dedicação ou recursos financeiros. Lemos em um artigo a tese de que o altruísmo é uma característica genética. Se isso se confirmar, saberemos — concretamente — com quem iremos contar de verdade ou quem está fazendo disso um meio para sua ascensão social.

Mas é simples; são duas as linhas de raciocínio: a que envolve uma crença de valor e a que trata de uma jogada de marketing. As respostas ficam por conta da consciência de quem as pratica.

13.1 Relações públicas ou valores humanos

Um dos aspectos positivos da iniciativa privada é quando essa se propõe a auxiliar a sociedade na solução de seus problemas comunitários. Outro destaque é quando os programas são encarados como uma retribuição ao que a comunidade faz pela empresa. Sensível diferença e tênue equilíbrio entre o "dar olhando a quem".

Recentemente, em uma reunião de um instituto formado por empresários preocupados com a ética nas organizações, falou-se nas "vantagens de se fazer o bem" como forma de se ter uma imagem melhor entre os consumidores. Considero essas divulgações necessárias para conscientizar aqueles que não agem dessa maneira e como uma forma de trocar experiências bem-sucedidas que possam resultar em feitos sociais maiores.

Avaliar a empresa que está fazendo o bem para a comunidade é um fator positivo. Entretanto, sugerimos que, na execução de programas sociais do terceiro setor, certifique-se, com os envolvidos, de sua validade, abrangência e resultados práticos. A qualidade e a profundidade da assistência podem ser mais bem avaliadas por quem está recebendo o serviço.

Os programas sociais elaborados pelas empresas têm sido independentes, até porque são iniciativas particulares e, desde que não sejam supervisionados por um organismo controlador do governo — como uma agência reguladora —, devem ser fiscalizados pelos usuários ou integrantes. A nosso ver, não basta fazer o bem, é preciso contemplá-lo tecnicamente com resultados de eficiência e eficácia. Consideramos que, mesmo sendo gratuito, um serviço de assistência social pode e deve ser questionado, o que demonstraria transparência entre a intenção da empresa e as necessidades da comunidade.

> **Ser Zen não significa distribuir o que não se tem.**
> **Ser Zen é decidir com consciência de distribuir o que se pode.**
> Essa é mais uma chave.

13.2 A realização prática

Sabe-se que desde projetos de assistência básicos até a construção de cidades-modelo em ecologia, creches ou escolas, há alguns que nem saem do papel ou fazem parte de um protocolo de intenções; outros apenas reúnem nomes que querem figurar nas colunas sociais. Não temos nada contra projetos audaciosos, afinal, às vezes são mais competentes porque agem em grande escala.

Na prática, há outros milhares de anônimos planejando e praticando em noites frias, chuvosas — em meio a enchentes —, concretizando pequenos grandes atos de solidariedade ou auxílio. Esses bons voluntários partem para a ação para compensar a injustiça social e cumprem o que se propõem a fazer. Assim, se cada um fizesse a sua parte, haveria menos desigualdades.

13.3 Não cumprimento das propostas de responsabilidade social

A ação social ética e prática deve ser conhecida para que se possam distinguir os verdadeiros grupos de pessoas comprometidos com a causa, revelados pelo seu caráter e intenção sincera, aqueles que agem movidos pela amorosidade e sinceridade em seus corações, não se importando a quem estão beneficiando. Essa é uma ação centrada em valores humanos.

Algumas organizações já estão preocupadas com os efeitos do não cumprimento de suas propostas sociais ou da má gestão de seus recursos nesses programas ou dos prováveis e possíveis prejuízos em sua imagem mercadológica.

Felizmente, ou infelizmente, o marketing e a propaganda são assim: cruéis com quem fica em silêncio, mas podem premiar quem aparece. O certo é que alguns consumidores já preferem comprar de empresas que investem em programas sociais. Todavia, devemos ficar atentos para que as campanhas não escondam só os interesses em vender mais produtos.

Ser Zen não significa perder, mas ganhar interiormente, distribuir, compartilhar, retribuir, repassar, circular, aceitar, buscar, poupar, consumir moderadamente, preservar, recuperar, enfim, viver optando pelo caminho do meio, o caminho da ponderação e meditação.

PARTE V
SÍNTESE CRIATIVA

14. SENSIBILIDADE: INTUIÇÃO E CRIATIVIDADE

Não será numa centena de linhas de um livro ou em dezenas de horas de um curso, ao final de uma semana, que poderemos formar um líder mais humanista. Esse despertar, formar e manter é um processo. Exige-se muita dedicação. Sendo assim, revelamos um obstáculo: como saber diferenciar o que mais atrapalha a nossa criatividade diária?

14.1 Intuição ou teimosia

Há muitas considerações a serem feitas sobre os dois lados dessa moeda. Preferimos, nesse estágio, reforçar que quando queremos muito alguma coisa não há quem nos tire desse caminho, que nos demova dessa ideia. Pessoas que agem assim são malvistas quando se mostram rígidas ou insensíveis. As que são teimosas têm nesse ponto uma virtude, um ponto a seu favor, quando conseguem ser bem-sucedidas.

Se explicadas com essa ênfase, força de vontade e autodeterminação podem ser interpretadas como teimosia ou certeza intuitiva. Essencial, importante e necessário é saber quando uma não atrapalha a outra.

Dessa forma, não vem ao caso se estamos entre os que criam com transpiração ou os que criam, mas não transpiram.

A diferença está naqueles que dominam os desejos constantes e a mente inquieta e que transformam os pensamentos em ação, e não naqueles que "constroem castelos na areia ou habitam neles ou tentam vendê-los". Esses podem fazer parte dos "sonhadores de plantão" ou dos "neuróticos anônimos", ou então dos "teimosos prejudiciais". Não queremos acabar com os sonhos, nem com uma pitada de neurose, que é necessária para o bom andamento do cérebro.

> Intuir é racionalmente antever as coisas, como conseguir uma explicação em um relance.

Nas empresas, poderemos encontrar intuitivos participativos ou resignados colaborando em diversas funções. Os resignados podem ser aqueles que aceitam determinadas funções menos nobres — não menos necessárias ou importantes —, mas que podem auxiliar a transformar o essencial.

Seja qual for a sua participação, esse é o fiel da balança para se saber mensurar a sua criatividade. É assim que se estimula a relevante dose de esperança que deve ser adicionada à sua realização concreta.

Escolher os meios para chegar aos fins.

14.2 Não rotular

O que fazemos para sair de bloqueios? Partimos da premissa de que as pessoas preferem rotular e julgar. Quando alguém nos apresenta a outra pessoa, é comum dizer "Fulano, engenheiro", ou "Sicrano, empresário", ou "Beltrano, médico". E quando alguém nos conta um fato, procuramos logo resumir: "foi uma bobagem" ou "ninguém conhece" ou "estão todos errados".

As pessoas geralmente rotulam porque é mais cômodo e confortável. Isso é definir com uma ou duas palavras um ser complexo ou uma situação do cotidiano. Será que consigo compreender aquele todo?

Explicamos no exemplo do elefante como é o pensar de maneira fragmentada. Pois é, por meio da superespecialização, somos fragmentos da ciência e precisamos recolher os cacos das palavras para nos compreendermos.

Quando precisamos entender alguma coisa sobre outra pessoa, começamos por lhe dar uma especialidade para nos posicionar. Depois, vamos buscar essa informação na memória, no banco de dados, e associamos o Beltrano àquele médico. Mas não conseguiremos ir além se não convivermos, conversarmos, convergirmos ou atuarmos com aquela pessoa, ou mesmo vivenciarmos aquela situação. Somente assim poderemos opinar ou saber como decidir.

De maneira abreviada, há um ditado dos índios navajos sobre como conhecer o estilo ou o jeito das pessoas, que expressa: "Mesmo que eu caminhe com suas sandálias por sete luas, nem assim serei capaz de compreendê-lo".

14.3 Compromisso e comprometimento

Devemos assumir compromissos que estão em sintonia com a nossa identidade. Isso será perceptível pelo nosso empenho e vontade espiritual interior, que é o que há de mais nobre. Estamos falando de convicção, de algo que está ligado à maturidade de aceitar o limite de nossa participação ou de nossa responsabilidade com alguma causa.

A atitude Zen é geralmente uma atitude simples e prática. É uma iniciativa individual, porém pensando-se no coletivo.

> **Tentar mudar os outros é perda de tempo. Saiba conviver com quem o cerca e compreender o que todos estão fazendo em conjunto.**

14.4 Não depender do coletivo

Entretanto, não devemos esperar pelo outro. Devemos fazer o que está ao nosso alcance. Atitudes diretas em que você se envolve demonstrando sua compaixão e bondade não são incompatíveis e nem enfraquecem a postura lógica do mercado ou das empresas. A coexistência entre os extremos é outro atributo Zen.

A experiência da criação é Zen, mas a criação não seria Zen, mesmo que Zen se fizesse passar por criador; Zen não cria porque não é, daí tudo pode ser Zen porque já está criado.

14.5 Viver com atitudes positivas e superar conflitos

O destino está nas mãos da capacidade humana de organizar e executar. Em geral, isso é feito diante de momentos de criação e iniciativa. Costuma-se dizer que aprendemos essas lições na base do amor ou da dor.

Uma das piores catástrofes é não compreender a vida. Pode parecer absurdo que seja necessário ter que se submeter a tantas dificuldades para chegar à felicidade. Buda disse que o caminho é a compaixão e o sofrimento.

Suportar quem nos agride e perceber até que ponto estamos sendo tolerantes e como devemos reagir para nos proteger física e moralmente são questões que nos inquietam a todo instante. Assim, quaisquer que sejam esses conflitos, há uma série de etapas, intrínsecas a este modelo que desenvolvi, que estão sempre presentes nas atitudes positivas e integradas do Zen:

Ter tranquilidade
Muito mais do que um estado de espírito,
é um estado de profunda compreensão.

Saber relaxar
Não se encostar a um canto macio ou confortável,
mas adotar uma postura de descontração.

Enfrentar as questões com alegria
Não uma vida só de risos e farras,
mas uma mente dirigida por um coração de paz.

Procurar alternativas
Não uma atividade rotineira, mas com propostas de constante melhoria.

Não querer ser o vencedor em todas as etapas
Aceitar que ambas as partes têm as suas missões; nem todas podem ser conquistadas e, portanto, deve-se aceitar as condições do "eu ganho" e "você ganha".

Respeitar o outro
Colocando-se no lugar do outro e agindo sob normas de trato social aceitas.

Ter disciplina
Sem radicalismos, mas estabelecendo um compromisso com a flexibilidade e a criatividade.

Disposição
Para renovar e conquistar o que for preciso.

Energia
Para determinar e corrigir o rumo; o nosso timo[29] — a ideia de proteger-se e guiar-se.

---

29 O timo é um órgão bilobado que faz parte do sistema imunológico, ou seja, do sistema de defesa do organismo, encarregado de detectar e repelir a invasão de diferentes tipos de micro-organismos (vírus, bactérias, fungos, protozoários, vermes, etc.), situado no peito, atrás do osso esterno. Seu nome em grego, thýmos, significa: energia vital. Mais detalhes sobre esse órgão disponíveis em: <http://www.guia.heu.nom.br/timo.htm> Acessado em: 4 jul. 2011.

14.6 Disseminar esse pensamento humanista

Apresentamos os meios para praticar e divulgar esse pensamento humanista. Citamos os caminhos concentrados para você conhecer melhor a si mesmo e às pessoas que trabalham ao seu lado. Portanto:

Apenas aja e integre-se.
Desenvolva suas relações sem medo de se apresentar.

Haja pela prática do pensamento nas virtudes e nas habilidades. Isso é centrado em valores humanos, exercitando com respeito e dignidade. Esses valores fundamentais são: a verdade, a paz, o amor, a ação correta e a não violência.[30] Mergulhe dentro de você e viva melhor!

Para começar, pratique a tolerância, empreenda tolerância e termine com tolerância. Mantenha-se em alerta para entender que o conhecimento e o crescimento estão em contínuo movimento à sua volta.

30 PUEBLA, E. Educar com o coração. *Trad.*: Patrícia Chnee. 3. ed. São Paulo: Peirópolis, 1997.

O conhecimento traz as técnicas
e outras ferramentas.
Não sei quais são elas, apenas sei que é preciso
me manter em constante atualização.
Em algum momento, saberei o que devo utilizar.
Última chave.

15. CHAVES PARA PENSAR COM O CORAÇÃO E AGIR COM A MENTE

As chaves são um estímulo para mais ponderações. Aprendemos que o Zen, em sua essência, não segue roteiros rígidos. Se quiser, apenas use-as para ir e vir, em suavidade e serenidade, a um passeio à sua consciência. Arrisque-se a empreender nessa sintonia fina os pontos que já abordamos:

> Se você fizer bem feitas as coisas no presente, da melhor forma que puder, saberá como considerar os bons resultados do futuro.
>
> **Saiba entender a origem das atitudes.**

Concentre-se nas coisas que compõem e integram o seu dia a dia. Vivemos em um tempo de mudanças muito rápidas. A adaptação consciente é parte dessa atitude.

O que quer que faça na vida: seja sincero consigo mesmo.

Cuide bem da sua saúde física, mental e espiritual.

Você precisa conhecer o seu arzoo, o desejo e a vontade do seu coração.

Se você viver com mais sentimento de amor em cada situação presente, haverá uma mudança acontecendo, sem que você perceba.

—— Essa é a chave da transformação, da renovação e do reequilíbrio.

Muitas vezes, as grandes mudanças só acontecem a partir das pequenas atitudes. Comenta-se a todo instante: "penso que controlo, mas realmente pouco está sob o meu controle".

O Zen não garante nada. Nem todos ganharão, nem todos perderão, nem todos serão felizes, nem todos viverão para ver seus resultados, nem todos entenderão todos.

Como é o seu apego ao dinheiro, aos bens materiais, às perdas reparáveis ou irreparáveis?

Você nasce Zen, sem preconceitos, e acaba se deturpando.

A comunicação humana precisa ser desenvolvida e analisada permanentemente e sob os mais variados ângulos. Ela faz o imprescindível papel de vocalização das ideias. O empobrecimento da linguagem e o desinteresse pela conversação tendem a enfraquecer as relações interpessoais.

Quando a confusão é evidente, deixe que as coisas fluam. Espere que os envolvidos e as opiniões se definam, que o estado natural do lago se recomponha e, se lhe for favorável, aí sim tome a sua decisão.

Intuir para gerir: saiba estabelecer as pontes corretas entre a intuição (antessala da premonição) e a realização (antessala do sucesso).

Que a sorte esteja com você! Essa é uma chave invisível. Há um componente invisível que opera em todas as coisas.

Quem sabe possamos encontrar um meio-termo para ter uma vida feliz, saudável e alegre com outros valores. É o chamado consumo consciente.

Há um número cada vez maior de pessoas pensando em preservação, conservação e recuperação simultaneamente. É a atitude de como lidar com a inutilidade e com o desperdício.

A contextualização nos leva a compreender os papéis que representamos na prática. E convergir nada mais é do que todos os envolvidos buscarem um ponto comum.

Quando o desequilíbrio não é do mercado nem dos concorrentes, mas dos indivíduos que integram a organização, o que fazer? Provavelmente, a resposta está bem escondida nas velhas estruturas e somente com muita paciência e conversa poderá ser revelada.

Ser Zen não significa distribuir o que não se tem. Ser Zen é decidir com consciência de distribuir o que se pode.

O conhecimento traz as técnicas e outras ferramentas. Não sei quais são elas, mas sei que é preciso me manter em constante atualização. Em algum momento, saberei o que devo utilizar.

Faça por meio da observação, da reflexão e
— principalmente — da revisão diária o seu
processo criativo. Esses são alguns fatores
para entender o que o cerca e, consequentemente, melhorar a sua consciência Zen.

Nos momentos de meditação, respiramos fundo e, pausadamente, vamos eliminando as imagens e os sons que vêm à nossa mente.

Deixamos os pensamentos passarem pela mente, apenas passarem, e agradecemos para que possam ir embora. Com a mente vazia, descansamos.

Continue realizando com sensibilidade e criatividade.

Quem tem o espírito que evoca a paz?
O Zen...
Quem tem a paciência que busca equilíbrio?
O Zen...
Quem tem a tolerância que procura diálogo?
O Zen...
Quem tem a generosidade que acolhe os seres?
O Zen...
Quem tem a amorosidade que esquenta os corações?
O Zen...
Quem tem a compaixão para se colocar no lugar dos outros?
O Zen...
O que tem o Zen que não se encontra em lugar algum dos confins da Terra?
O Zen...

Posfácio

> "O que for a profundeza do teu ser,
> assim será teu desejo.
> O que for o teu desejo, assim será tua vontade.
> O que for a tua vontade, assim serão teus atos.
> O que forem teus atos, assim será teu destino."
>
> Upanishad, IV, 4, 5[31]

[31] Op. Cit. As sete leis espirituais do sucesso.

Espero tê-los sensibilizado!

Procurei passar o meu melhor para o seu melhor. Desejo que possa refinar e aprimorar seus entendimentos sobre esse interessante tema.

Nessa linha, dedico-me aos estudos de liderança, administração de conflitos, motivação e processos decisórios com ética. Organizo seminários ou cursos para transmitir o aprofundamento das práticas deste livro.

Além de preparar programas de treinamento específicos sobre gestão de pessoas e processos organizacionais, para informações, por favor, escreva-me: marioenzio@uol.com.br

Até breve, em um encontro Zen.

Mario Enzio

Bibliografia complementar sugerida

BARBOSA, L. *O jeitinho brasileiro*. Rio de Janeiro: Campus, 1992.

COBRA, M. *Administração de marketing*. 2. ed. São Paulo: Atlas, 1992.

DILTS, R. B. *A estratégia da genialidade*. Trad.: Heloisa Martins-Costa. São Paulo: Summus, 1998. vol. I.

DISKIN, L.; MARTINELLI, M.; MIGLIORI, R. F.; SANTO, R. C. E. *Ética, valores humanos e transformação*. 2. ed. São Paulo: Peirópolis, 1996. Série Temas Transversais, vol. I.

DYER, W. W. *Seus pontos fracos*. Trad.: Mary Cardoso. 4. ed. Rio de Janeiro: Record. s/d.

HARMAN, W.; HORMANN, J. *O trabalho criativo dos negócios numa sociedade em transformação*. 12. ed. São Paulo: Cultrix, 1997.

MARTINELLI, M. *Conversando sobre educação em valores humanos*. São Paulo: Peirópolis, 1999.

_____. *Aulas de transformação*. 5. ed. São Paulo: Peirópolis, 1996.

MOTTA, P. R. *Gestão contemporânea:* a ciência e a arte de ser dirigente. 3. ed. Rio de Janeiro: Record, 1993.

NONAKA, I.; TAKENCHI, H. *Criação de conhecimento na empresa* — como as empresas japonesas geram a dinâmica da inovação. Trad.: Ana Beatriz Rodrigues, Priscilla Martins Celeste. 2. ed. Rio de Janeiro: Campus, 1997.

O'CONNOR, J.; SEYMOUR, J. *Treinando com a PNL:* recursos para administradores, instrutores e comunicadores. Trad.: Denise Maria Bolanho. São Paulo: Summus, 1996.

SROUR, R. H. *Poder, cultura e ética nas organizações.* Rio de Janeiro: Summus, 1998.

YE-SHESRGYAL-MTSHAN. *Original tibetano do Colar da Compreensão Clara.* Trad. Inglês: Herbert V. Guenther, Leslie S. Kawamura; Trad. Port.: Euclides Luis Calloni. 10 ed. São Paulo: Cultrix, 1995.

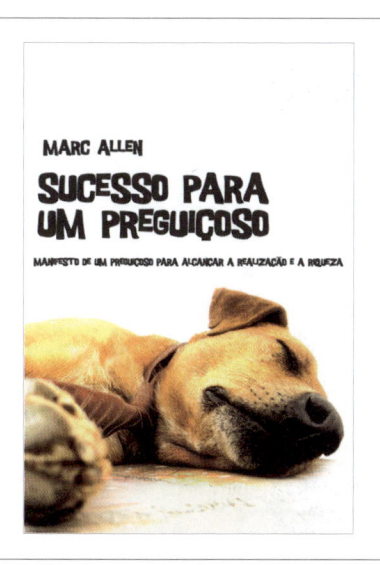

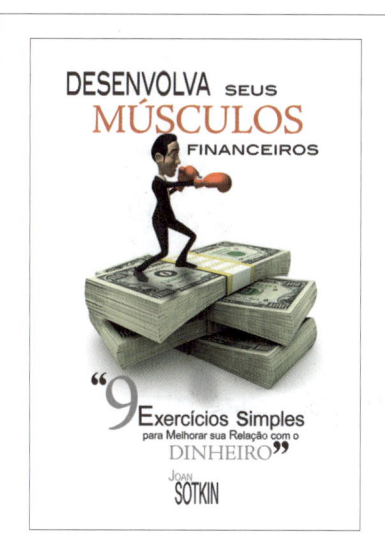

Sucesso para um preguiçoso
Marc Allen

É possível ser preguiçoso e alcançar o sucesso? Marc Allen visa responder a essa pergunta com um sim. Neste livro, o leitor aprenderá um programa de quatro passos simples e descobrirá como realizar os seus sonhos na vida, mesmo que seja preguiçoso, inexperiente, sinta-se oprimido e tenha dificuldade em lidar com as finanças.

CATEGORIA: Desenvolvimento pessoal
PÁGINAS: 160
ACABAMENTO: Brochura
ISBN: 978-85-7722-063-2

Desenvolva seus músculos financeiros
Joan Sotkin

Está cansado de ver a sua conta bancária sempre no vermelho? Este é um verdadeiro guia que nos conduz a uma viagem interessante. Nela, é possível perceber como uma mudança de comportamento pode refletir, de forma positiva, em nossas finanças.

CATEGORIA: Desenvolvimento pessoal
PÁGINAS: 192
ACABAMENTO: Brochura
ISBN: 978-85-7722-036-6

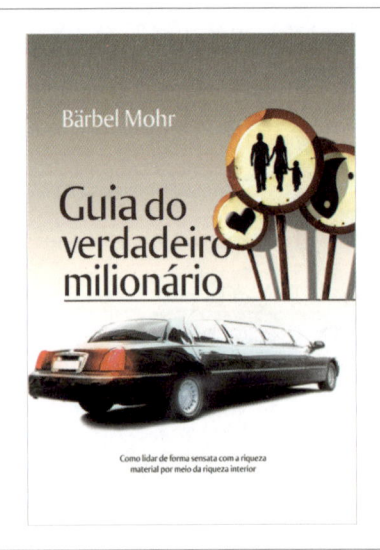

Guia do verdadeiro milionário
Bärbel Mohr

Muitas pessoas vivem em prosperidade material, mas ainda assim são infelizes e insatisfeitas com a própria vida. Saiba como trilhar caminhos sensatos e lidar com a riqueza material com foco na riqueza interior.

CATEGORIA: Desenvolvimento Pessoal
PÁGINAS: 224
ACABAMENTO: Brochura
ISBN: 978-85-7722-078-6

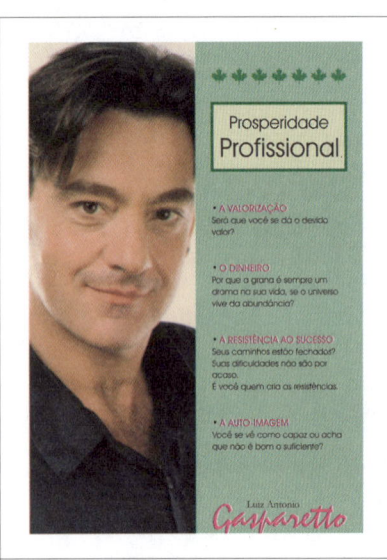

Prosperidade profissional
Luiz Gasparetto

Este livro tem como objetivo revolucionar a maneira de pensar e de agir em relação ao trabalho, fazendo com que o leitor reflita: até que ponto as resistências e medos estão bloqueando o sucesso na carreira ou nos negócios?

CATEGORIA: Desenvolvimento pessoal
PÁGINAS: 272
ACABAMENTO: Brochura
ISBN:85-85872-34-7

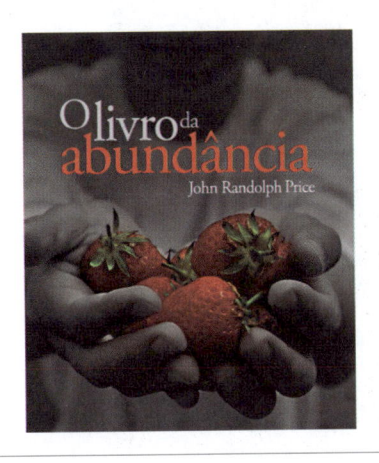

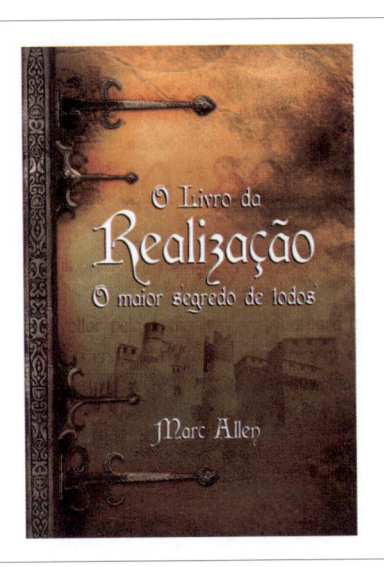

O LIVRO DA ABUNDÂNCIA
John Randolph Price

Você quer mais dinheiro e sucesso em sua vida? Nessa nova edição revisada e ampliada, John Randolph Price mostra-nos, por meio de experiências pessoais, que a consciência é a chave da vida. Na verdade, nada é impossível, e isso inclui a potencialidade, em cada pessoa, para a prosperidade ilimitada e a independência financeira. Acompanha um CD com meditações.

CATEGORIA: Desenvolvimento Pessoal
PÁGINAS: 112
ACABAMENTO: Capa dura
ISBN: 978-85-7722-034-2

O LIVRO DA REALIZAÇÃO
Marc Allen

Como usar as habilidades mentais e físicas para criar riqueza e sucesso? Neste livro, Marc Allen afirma que tudo está dentro de cada um. Somos os criadores dos nossos problemas e sucessos, temos o poder de mudar e transformar nossas vidas, tornando-nos completamente realizados.

CATEGORIA: Desenvolvimento Pessoal
PÁGINAS: 144
ACABAMENTO: Brochura
ISBN: 978-85-7722-062-5

ABRA SUA MENTE PARA RECEBER
Catherine Ponder

Este livro é mais um clássico de Catherine Ponder. Ele revela as leis de abundância que ajudam o leitor a encontrar, com precisão, a fonte para abrir as comportas da prosperidade. A escrita simples, porém vibrante e envolvente de Catherine Ponder, auxiliará você a fazer mudanças positivas em sua vida. A autora assegura que qualquer um pode tirar grande proveito da obra, embalado numa leitura leve e agradável, que poderá mudar, definitivamente, a vida para melhor!

CATEGORIA: Desenvolvimento Pessoal
PÁGINAS: 136
ACABAMENTO: Brochura
ISBN: 978-85-7722-118-9

ALFABETIZAÇÃO AFETIVA
Lousanne Arnoldi de Lucca

Melhore sua qualidade de vida e conheça mais suas emoções e sentimentos. Com ensinamentos valiosos, esta obra aborda temas delicados que, bem assimilados, ajudam-nos a descobrir a nossa própria verdade e a ser pessoas melhores e mais felizes.

CATEGORIA: Desenvolvimento Pessoal
PÁGINAS: 256
ACABAMENTO: Brochura
ISBN: 978-85-7722-022-9

FAÇA DAR CERTO
Luiz Gasparetto

As facilidades e dificuldades para construir um destino próspero dependem unicamente de sua visão da vida. Toda escolha feita modifica ou mantém estruturas criadas pelas próprias pessoas. Acorde para seu poder e descubra o potencial que tem.

CATEGORIA: Desenvolvimento Pessoal
PÁGINAS: 144
ACABAMENTO: Brochura
ISBN: 85-85872-24-1

CURE PENSAMENTOS TÓXICOS
Sandra Ingerman

Utilizando teorias dos alquimistas e métodos antigos de cura de diferentes culturas, o livro nos ensina a lidar com as adversidades dos dias de hoje e a nos proteger de qualquer pensamento tóxico afastando-nos da negatividade.

CATEGORIA: Desenvolvimento pessoal
PÁGINAS: 144
ACABAMENTO: Brochura
ISBN: 978-85-7722-031-1

VIDA & CONSCIÊNCIA
GRÁFICA

Rua Agostinho Gomes, 2.312 – SP
55 11 3577-3200

grafica@vidaeconsciencia.com.br
www.vidaeconsciencia.com.br